高等院校精品课程系列教材

《财富管理：理论与实践》
学习指南与习题集

Study Guide and Exercises for Wealth Management:
Theories and Practice

杨碧云 主编

易行健 展凯 张浩 副主编

机械工业出版社
China Machine Press

图书在版编目（CIP）数据

《财富管理：理论与实践》学习指南与习题集 / 杨碧云主编 . -- 北京：机械工业出版社，2022.1
高等院校精品课程系列教材
ISBN 978-7-111-70136-1

I. ①财… Ⅱ. ①杨… Ⅲ. ①投资管理 - 高等学校 - 教学参考资料 Ⅳ. ① F830.593

中国版本图书馆 CIP 数据核字（2022）第 018327 号

本书是财富管理教材《财富管理：理论与实践》配套的学习指南与习题集，每章名称及顺序与主教材完全一致，每章先通过"本章回顾"和"关键概念与概念理解"模块帮助读者快速地概览各章学习内容和重要的基本概念，然后安排了"思考习题""计算题""案例讨论""自测与拓展"和"参考答案"模块，有助于读者在课后或者学习过程中检验和巩固自己的学习成果，加深对当前章节内容的理解。此外，本书还给出了 1 套综合性的测试题，以帮助读者对自己的学习效果进行检测。

本书的读者对象为经济类、金融类与管理类专业本科生和研究生，以及国内财富管理行业从业人士。

出版发行：机械工业出版社（北京市西城区百万庄大街 22 号 邮政编码：100037）
责任编辑：王洪波　　　　　　　　　　　　　　　责任校对：马荣敏
印　　刷：北京铭成印刷有限公司　　　　　　　　版　　次：2022 年 3 月第 1 版第 1 次印刷
开　　本：186mm×240mm　1/16　　　　　　　 印　　张：12
书　　号：ISBN 978-7-111-70136-1　　　　　　　定　　价：39.00 元

客服电话：（010）88361066　88379833　68326294　　投稿热线：（010）88379007
华章网站：www.hzbook.com　　　　　　　　　　　 读者信箱：hzjg@hzbook.com

版权所有·侵权必究
封底无防伪标均为盗版
本书法律顾问：北京大成律师事务所　韩光 / 邹晓东

作者简介
ABOUT THE AUTHORS

杨碧云，经济学博士，广东外语外贸大学金融学院教授，硕士生导师。先后于湘潭大学、浙江大学与中山大学获得经济学学士、经济学硕士与经济学博士学位，英国伦敦威斯敏斯特大学商学院访问学者。主要从事金融学、国际经济学和公共经济学方向的教学与研究工作。主持国家社科基金重大项目子课题1项、广东省自然科学基金项目与社科基金项目2项，参与国家级与省部级课题多项。出版学术专著多部，在《财贸经济》《保险研究》和《世界经济研究》等核心期刊发表学术论文30余篇。

易行健，金融学教授（二级），现任广东金融学院副校长，广东外语外贸大学金融学院博士生导师；曾任广东外语外贸大学金融学院首任院长、广东省普通高校人文社会科学重点研究基地——金融开放与资产管理研究中心主任、广州市人文社科重点研究基地——广州华南财富管理中心研究基地主任。国家社科基金重大项目首席专家，享受国务院政府特殊津贴专家。复旦大学经济学博士、中国社科院数量经济与技术经济研究所博士后、芬兰赫尔辛基大学与密歇根大学访问学者。入选"国家百千万人才工程"，被授予"有突出贡献中青年专家"荣誉称号，入选教育部"新世纪优秀人才培养计划"和广东省"千百十工程"省级与国家级培养对象，以及"广州市高层次金融人才"。被聘为"广东金融顾问""广东金融学会专

家委员会副主任与学术委员会委员""中国金融学年会理事""中国消费经济学会常务理事与学术委员会副主任""广州市人民政府第四届决策咨询专家""中国金融科技教育与研究50人论坛成员"。目前还担任《国际经贸探索》《消费经济》《金融科学》等杂志编委。主要从事货币金融、居民消费与家庭金融、宏观经济学与应用计量经济学等领域的教学与研究工作。出版学术著作与译著4部,在《经济研究》《管理世界》《世界经济》《金融研究》、China & World Economy 等权威或核心学术刊物发表论文110余篇。曾经主持国家社科基金重大项目1项、国家自然科学基金项目2项和其他省部级项目10余项。曾获第五届"刘诗白经济学奖"、广东省哲学社会科学优秀成果奖一等奖等科研奖励10余项,撰写的多份咨询报告获得外交部与省委省政府主要领导批示,在各类报刊发表时评和短论20余篇。

展凯,经济学博士,金融学教授,硕士生导师,现任广东外语外贸大学金融学院副院长。中国准精算师,通过多门北美精算师(SOA)课程。先后于武汉大学、华中科技大学与中山大学获得工学学士、经济学硕士与经济学博士学位。先后入选"广东省优秀青年教师培养计划"与"广州金融高级专业人才"。主要从事保险市场与保险公司经营管理、风险管理与保险精算技术、货币政策与货币理论、金融市场与金融机构等领域的教学与研究工作。在《经济研究》《金融研究》《经济学(季刊)》和《保险研究》等权威和核心学术刊物发表论文数十篇,主持国家社会科学基金项目1项、教育部与省级科研项目4项、省级教研教改和"质量工程"项目3项,承接企业决策咨询项目、政府与企业横向科研项目数十项。

张浩,经济学博士,金融学副教授,硕士生导师,现任广东外语外贸大学金融学院副院长,广东省青年珠江学者(设岗学科为金融学)。先后于华东师范大学、广东外语外贸大学与中山大学获得理学学士、经济学硕士与经济学博士学位。曾在中国人民银行研究系统工作多年,并在新加坡国立大学经济系从事访问研究。主要从事房地产金融、家庭金融和金融市场的教学与研究工作。近年来作为第一作者和通讯作者在 Journal of Banking and Finance、《管理科学学报》《金融研究》等 SSCI 和 CSSCI 刊物发表论文40余篇。主持和参与多个国家自然科学基金项目和国家社科基金项目,先后获得省部级科研奖项近10项、厅级科研奖项近20项。

如何使用本书

本书是《财富管理：理论与实践》主教材的辅助学习资料。首先，读者可以通过"本章回顾"和"关键概念与概念理解"模块快速地按顺序概览主教材各章的学习内容和重要的基本概念，并在学习每章节后进一步复习巩固，加深对当前章节内容和基本概念的理解；其次，读者可以通过完成每章安排的"思考习题""计算题""案例讨论"和"自测与拓展"，并对照"参考答案"检验和巩固自己的学习成果；最后，读者还可以在学习完全书之后通过完成"模拟试卷"并对照答案要点考查自己对整本书知识内容的掌握程度，从而迅速查漏补缺，更高效地为相关考试做准备。

本书的章节与主教材顺序完全对应，主要包括了以下学习模块：

- 本章回顾。每章的开始部分都是本章内容的精炼和总结。本章回顾对应教材中每一章的二级标题，是对该部分内容的梳理。
- 关键概念与概念理解。读者需要将主教材中的关键概念与相应的定义或者对定义的理解匹配起来。这些关键概念对于课程内容的理解至关重要，是打开关键内容理解大门的"钥匙"。
- 思考习题。所有章节都设有思考习题，主要采用文字形式作答，少部分通过绘制图表的方式作答。该模块旨在让读者牢固掌握各章的核心知识内容，并引导和启发读者结合现实背景与热点问题提出进一步的思考。
- 计算题。根据各章节内容的特点，我们在第 1 章、第 4 章、第 5 章、第 6 章、第 7 章、第 8 章、第 10 章和第 12 章共八章中有针对性地设计了计算题，旨在考查读者对相关知识点的应用能力和计算能力。计算题的作答方式主要包括公式的列示、相关参数的代入、计算过程与具体步骤的展示及最终结果的表述等。

- 案例讨论。所有章节都设有一个案例讨论，主要根据每章涵盖的内容和相关知识点，有针对性地设计与现实相近的案例背景、条件假设和案例问题等模块，旨在考查读者对本章已有知识内容的掌握程度和实践运用能力。案例问题的作答方式主要包括相关基础概念和理论解析的文字表述、相关图表的编制与分析、相关计算过程与具体步骤的展示、相关结论的最终表述等。
- 自测与拓展。与主教材课后考查模块的设置不同，本书增加了"自测与拓展"模块，编者为每章都设置了10个不定项选择题，便于读者自我检测与评价，有助于读者对相关知识点的正确理解和融会贯通。
- 参考答案。该部分包括上述"思考习题""计算题""案例讨论"和"自测与拓展"模块的参考答案。为了方便对照并考虑篇幅长度问题，参考答案部分只重述了"思考习题"和"计算题"的题干。需要说明的是，之所以将其命名为"参考答案"，是因为社会科学问题的答案并无所谓的唯一标准，因此，提供的答案只基于一般现实前提，仅供参考。
- 模拟试卷。本书的最后一个部分为一份模拟试卷，可作为教师出卷的参考模板，也可作为读者完成主教材的所有学习之后的检验与评价工具。读者可借此查漏补缺，更好地对整本书进行复习，为期末考试做好充分的准备。基于社会科学问题并无所谓的唯一标准答案的特点，试卷的答案部分只给出了相关答案要点，只要要点正确，基本结论正确，表述上能逻辑自洽即可。

主教材《财富管理：理论与实践》由广东外语外贸大学金融学院家庭金融与财富管理的教学与科研团队联合撰写，由主编易行健，副主编展凯、张浩和杨碧云，会同张轶、吴柏毅、周利、刘胜和刘浩等多位教研团队成员共同编写完成。编撰具体分工如下：第1章，易行健和杨碧云；第2章，张轶；第3章，杨碧云；第4章，吴柏毅、张浩和刘浩；第5章，易行健和周利；第6章，易行健；第7章，张浩、易行健和周利；第8章，张浩；第9章，展凯；第10章，展凯；第11章，张轶；第12章，刘胜；第13章，吴柏毅。全书最后由易行健、展凯、张浩和杨碧云统一修改定稿。本书为主教材的辅助教研和学习资料。本书由杨碧云教授主编，其负责撰写本章回顾、关键概念与概念理解、自测与拓展和模拟试卷部分，主教材各章编写成员负责提供对应章节课后习题（包括思考习题、计算题和案例讨论）的答案，最后由杨碧云统一修改定稿。感谢广州市人文社会科学重点基地——广州华南财富管理中心研究基地对本书撰写的资助，感谢广东外语外贸大学金融学院富有朝气和充满激情的家庭金融与财富管理研究团队所有成员,是团队内部活跃的学术气氛、精诚团结的合作精神,使《财富管理:理论与实践》主教材和配套的《〈财富管理:理论与实践〉学习指南与习题集》相继顺利完成。最后,感谢机械工业出版社的王洪波编辑及其团队成员在编辑、校订、出版和发行方面给予的大力支持。本学习指南与习题集仍存在需要进一步完善的地方,欢迎各位理论界与实务界的同人提出宝贵的修订建议,在下一版中我们会认真修改和完善,修订建议请发送至 biyunyang@163.com。

目 录
CONTENTS

作者简介
如何使用本书

第1章 财富管理概论 ………… 1
本章回顾 ………………………… 1
关键概念与概念理解 …………… 3
思考习题 ………………………… 3
计算题 …………………………… 4
案例讨论：某私人银行企业主客户的
　　　　　财富管理规划 ……… 4
自测与拓展 ……………………… 5
参考答案 ………………………… 7

第2章 财富管理流程 ………… 14
本章回顾 ………………………… 14
关键概念与概念理解 …………… 16
思考习题 ………………………… 16

案例讨论：家庭理财需求分析与家庭
　　　　　财富管理方案设计 … 17
自测与拓展 ……………………… 18
参考答案 ………………………… 20

第3章 财富管理体系 ………… 26
本章回顾 ………………………… 26
关键概念与概念理解 …………… 29
思考习题 ………………………… 29
案例讨论：某财富管理机构家族
　　　　　综合事务与财富管理
　　　　　业务模块表 ………… 30
自测与拓展 ……………………… 32
参考答案 ………………………… 34

第4章 财富管理中的金融经济学
　　　 基础 …………………… 40
本章回顾 ………………………… 40

关键概念与概念理解 …………… 43
思考习题 ………………………… 43
计算题 …………………………… 44
案例讨论：投资怎样适应经济与市场
　　　　　环境变化 ………… 44
自测与拓展 ……………………… 47
参考答案 ………………………… 49

第 5 章　财富管理中的生命周期
　　　　　消费储蓄理论 ……… 55

本章回顾 ………………………… 55
关键概念与概念理解 …………… 57
思考习题 ………………………… 58
计算题 …………………………… 58
案例讨论：中国家庭总负债结构
　　　　　与消费金融助力消费
　　　　　升级 ………………… 58
自测与拓展 ……………………… 60
参考答案 ………………………… 62

第 6 章　家庭生命周期资产配置
　　　　　模型与应用 ………… 68

本章回顾 ………………………… 68
关键概念与概念理解 …………… 71
思考习题 ………………………… 71
计算题 …………………………… 72
案例讨论：招商银行推广资产配置
　　　　　系统带来的启示 …… 73
自测与拓展 ……………………… 75
参考答案 ………………………… 77

第 7 章　家庭现金和负债管理 ……… 84

本章回顾 ………………………… 84
关键概念与概念理解 …………… 86
思考习题 ………………………… 87
计算题 …………………………… 87
案例讨论：某公司部门经理张先生
　　　　　的现金负债管理规划 …… 87
自测与拓展 ……………………… 88
参考答案 ………………………… 90

第 8 章　家庭房地产投资规划 ……… 96

本章回顾 ………………………… 96
关键概念与概念理解 …………… 99
思考习题 ………………………… 99
计算题 …………………………… 99
案例讨论：购房还是租房的决策选择
　　　　　及计算 ……………… 100
自测与拓展 ……………………… 101
参考答案 ………………………… 103

第 9 章　家庭保险规划 …………… 110

本章回顾 ………………………… 110
关键概念与概念理解 …………… 113
思考习题 ………………………… 113
案例讨论：私营小企业主的家庭保险
　　　　　规划 ………………… 113
自测与拓展 ……………………… 115
参考答案 ………………………… 116

第 10 章　退休与养老规划 …………… 121

本章回顾………………………………… 121
关键概念与概念理解…………………… 124
思考习题………………………………… 124
计算题…………………………………… 124
案例讨论：中年单身妈妈的退休与
　　　　　养老规划……………………… 125
自测与拓展……………………………… 126
参考答案………………………………… 127

第 11 章　家庭财富保全与传承
　　　　　规划 ………………………… 133

本章回顾………………………………… 133
关键概念与概念理解…………………… 136
思考习题………………………………… 136
案例讨论：高净值企业家客户
　　　　　的家庭财富保全与
　　　　　传承规划……………………… 136
自测与拓展……………………………… 137
参考答案………………………………… 139

第 12 章　税收筹划与财富管理 …… 143

本章回顾………………………………… 143
关键概念与概念理解…………………… 145
思考习题………………………………… 145
计算题…………………………………… 146
案例讨论：2020 年个人投资税务
　　　　　筹划…………………………… 146
自测与拓展……………………………… 148
参考答案………………………………… 150

第 13 章　财富科技 …………………… 157

本章回顾………………………………… 157
关键概念与概念理解…………………… 160
思考习题………………………………… 160
案例讨论：Beta 理财师平台…………… 161
自测与拓展……………………………… 163
参考答案………………………………… 165

《财富管理》模拟试卷………………… 170

《财富管理》模拟试卷参考答案…… 172

参考文献………………………………… 176

财富管理概论

本章回顾

1.1 财富与财富管理

任何有市场价值并且可用来交换货币或商品的东西都可看作财富。它包括实物与实物资产、金融资产以及能产生收入的个人技能。这些能在市场中与货币交换的东西被认为是财富。财富可以分成两种主要类型：有形财富，指资本或非人力财富；无形财富，即人力资本。所有的财富具有能够产生收入的特征，即收入是财富的收益，因此财富在未来所产生的收入流量的现值构成该财富存量的当前价值。

从定义的发展来看，财富从仅指有形财富发展到包含无形财富（人力资本），从国家财富发展到社会财富与个人或家庭财富。本书财富管理的定义涉及的主要是个人或家庭财富。

CFA协会对财富管理的定义是服务于高净值家庭的专业投资管理，因此常称为私人财富管理。本书将财富管理定义为：以个人或家庭客户生命周期金融服务需求为核心，设计出一套全面的财务规划，对客户的资产、负债、流动性等进行管理，帮助客户降低风险，实现财富保值、增值和传承等目的，主要包括资产配置、现金与债务管理、房地产投资规划、保险规划、退休与养老金规划、财富保全与传承规划、法律与税务规划、跨境金融服务，甚至私营企业管理咨询等全面与系统性的金融与相关非金融服务。私人财富管理业务既包括面对大众客户的个人理财业务，也包括面对高净值家庭客户的私人银行业务。

1.2　财富管理行业发展历史与主要推动因素

　　传统意义的私人财富管理起源于古代各国皇室贵族与富裕家庭的管家服务。现代意义的财富管理行业起源于16世纪瑞士的私人银行服务，17世纪末在英国伦敦得到大力发展，19世纪中后期在美国进一步发展并盛行。20世纪80年代至今，随着发达国家开展金融自由化改革、信息技术不断发展、财富人群数量与收入差距同步上升，财富管理行业的需求端和供给端双向丰富，出现了更多的细分领域和第三方财富管理机构，并进入了创新转型阶段。在中国，改革开放40多年来，经济的高速发展催生了大量的财富人群，进入21世纪后，他们产生了旺盛的财富管理需求。中国财富管理行业虽起步较晚，发展水平也相对落后，但发展速度快。

　　推动中国财富管理行业发展的因素主要涉及两个方面：一是需求端居民收入与财富的快速增长，二是供给端财富管理专业化水平的提高与财富科技的快速发展。同时，中国主体高净值客户生命周期的改变叠加市场环境与监管制度的变化，也导致客户财富管理需求的结构发生改变。

1.3　财富管理学的学科理论基础及其在金融人才培养中的位置

　　财富管理学以经典金融经济学和行为金融学为学科基础，涉及的经济金融理论包括但不限于消费储蓄理论、家庭经济学与家庭金融学。消费储蓄理论包括绝对收入假说、相对收入假说、生命周期-持久收入假说、预防性储蓄理论、缓冲存货储蓄理论、家庭储蓄需求模型和行为生命周期理论等。消费储蓄理论与财富积累、财富保值与增值、现金与负债管理、住房购买计划、教育支出与耐用品支出规划、退休与养老规划、财富保全与传承等财富管理规划存在直接联系。家庭经济学对于理解退休储蓄与养老金积累、遗产馈赠与财富传承、家庭的婚姻匹配与人力资本投资行为等具有不可或缺的理论价值。家庭金融学对居民家庭自身如何利用金融工具达成其财富管理目标、理财顾问如何设计财富管理规划、财富管理机构如何进行金融产品设计、监管部门如何设计监管框架、金融教育部门如何开展消费者金融素养教育等均具有核心作用，是财富管理理论与实践的关键支柱。

1.4 本书的内容结构安排

本书共分为 13 章。第 1~3 章为财富管理导论篇，第 1 章为财富管理概论，第 2 章为财富管理流程，第 3 章为财富管理体系；第 4~6 章是财富管理理论篇，第 4 章为财富管理中的金融经济学基础，第 5 章为财富管理中的生命周期消费储蓄理论，第 6 章为家庭生命周期资产配置模型与应用；第 7~13 章是财富管理实践篇，第 7 章为家庭现金和负债管理，第 8 章为家庭房地产投资规划，第 9 章为家庭保险规划，第 10 章为退休与养老规划，第 11 章为家庭财富保全与传承规划，第 12 章为税收筹划与财富管理，第 13 章为财富科技。

关键概念与概念理解

关键概念	概念理解
财富	财富是个存量概念，其价值是未来收益的现值
人力资本	获得劳动收入的能力
有形财富	有使用价值或能产生收益的实物资产和金融资产
财富管理	围绕客户需求，为私人或家庭客户提供综合金融与非金融服务
资产管理	金融机构通过资产配置服务为客户实现资产的保值与增值
家庭金融	运用各类金融工具及其组合实现家庭各项需求
生命周期假说	个人在生命周期内配置其可获得资源，以实现其终身效用最大化
有效市场假说	市场上股票价格已经充分反映关于公司的所有信息
行为金融	金融产品的价格还受投资者主体的心理和行为的影响

思考习题

1. 什么是财富管理？财富管理与资产管理的联系和区别是什么？
2. 财富管理行业有哪几个发展阶段？推动财富管理行业发展的因素有哪些？

3. 中国积极稳妥发展财富管理行业的重大意义主要体现在哪几个方面？

4. 消费储蓄理论、家庭经济学、经典金融经济学以及行为金融学为财富管理提供了哪些方法论和分析思路？

5. 家庭金融学为财富管理提供了哪些方法论和分析思路？

计算题

（1）假设张先生22岁大学毕业参加工作，第一年税后收入为10万元人民币，此后税后收入每年的平均增长率为5%，一直增长到75岁离世。假定贴现率为3%，请计算张先生22岁时的人力资本。

（2）假设张先生22岁大学毕业后考取研究生，24岁研究生毕业开始工作，第一年税后收入为13万元人民币，此后税收收入每年的平均增长率为6%，一直增长到75岁离世。假定贴现率为3%，请计算张先生22岁时的人力资本。

（3）假设张先生22岁大学毕业后参加工作，第一年税后收入为10万元人民币，此后税后收入每年的平均增长率为5%，中间自学CFP（Certified Financial Planner，注册金融理财师或国际金融理财师）或CFA（Chartered Financial Analyst，特许金融分析师），27岁拿到证书后换工作，税后收入为17万元，此后税后收入每年的平均增长率为6%，一直增长到75岁离世。假定贴现率为3%，请计算张先生22岁时的人力资本。

（4）假设张先生22岁大学毕业后考取研究生，24岁研究生毕业开始工作，第一年税后收入为13万元人民币，此后税后收入每年的平均增长率为6%，一直增长到50岁；50～60岁，其间每年税后收入增长率为4%；60岁退休第一年领取的养老金为59～60岁年收入的65%（养老金替代率），此后养老金每年增长2%，到79岁离世。假定贴现率为3%，请计算张先生22岁时的人力资本。

案例讨论：某私人银行企业主客户的财富管理规划[一]

1. 案例背景

李先生为企业主，40岁，从事化工行业，公司每年的营业额为1亿元，净利润

[一] 该案例来源于《商业银行财富管理经典案例100篇》（中国银行业协会私人银行业务专业委员会，2016）。

3 000 万元，每年公司分红 100 万元，同时李先生因担任公司高管，每月收入 5 万元。妻子王女士为家庭主妇，无收入来源。夫妻育有一子，5 岁。李先生早年一直经商，家庭总资产达到 3 000 万元，家庭生活开销如下：每月基本生活费用 3 万元，孝敬双方父母 5 000 元，娱乐项目 4 000 元，医疗费用 1 000 元，子女教育费用 5 000 元，根据风险偏好调查来看，李先生属于风险规避型。

2. 财富管理目标

（1）职业与退休计划：希望再干 10 年就退休，只做企业股东，不再担任职业经理人。

（2）融资计划：自身做实业，因此希望资产的流动性高，以便应对公司经营的不时之需，并且公司未来有上市规划。

（3）投资计划：目前缺乏投资理念，希望金融资产配置后能满足短期与长期的生活需求。

（4）养老与保障计划：希望能够增加养老、健康等方面的保障。

（5）子女教育计划：希望在 15 年后将小孩送到国外读大学。

（6）资产保全计划：希望公司资产与私人资产进行有效隔离。

3. 案例问题

（1）请结合李先生的家庭财务分析和财富管理目标，提出粗略的财富管理规划并初步归纳财富管理服务流程。

（2）你认为要为李先生家庭做一份比较精确的财富管理规划还需要哪些假设条件？

（3）你认为该案例涉及财富管理中哪些类型的服务？

自测与拓展

1. 关于现代家庭财富管理中的财富概念，下面最恰当的是（　　）。

    A. 财富是有使用价值的东西

    B. 财富是货币与金银等贵金属

    C. 财富是能够产生收益的物质资产

    D. 财富是有市场价值或能够创造收益的所有有形财富和无形财富的总称

2. 关于人力资本财富与劳动收入的关系的说法不正确的是（   ）。

   A. 劳动收入是人力资本财富的收益

   B. 人力资本财富的价值是未来所有各期劳动收入的现值和

   C. 人力资本财富的价值随预期劳动收入的变化而变化

   D. 已获得的劳动收入增加当期人力资本财富的价值

3. 关于人力资本财富与年龄、受教育程度之间的关系，以下说法正确的有（   ）。

   A. 当未来劳动收入确定时，人力资本财富与年龄呈负相关关系

   B. 受教育程度越高的人群其人力资本财富随年龄的增长而下降的速度越快

   C. 人力资本财富占总财富的比例随年龄的增加而增加

   D. 在任何情况下都存在受教育水平更高的人具有更大的人力资本财富

4. 关于财富管理与资产管理的关系，以下说法正确的有（   ）。

   A. 财富管理业务范围比资产管理业务范围窄

   B. 资产管理以客户为中心，财富管理以产品为中心

   C. 资产管理更侧重金融产品的创设供给，财富管理更侧重筛选产品对接客户需求

   D. 相比财富管理服务，资产管理服务对客户的了解程度更低

5. 以下经济金融理论中，属于财富管理理论基础的有（   ）。

   A. 消费储蓄理论   B. 资产配置理论

   C. 资本结构理论   D. 生命周期理论

6. 以下学科中，属于财富管理学学科基础的有（   ）。

   A. 家庭经济学   B. 金融经济学

   C. 行为金融学   D. 产业经济学

7. 关于财富管理业务、私人银行业务与个人理财业务阐述正确的有（   ）。

   A. 财富管理业务与个人理财业务没有区别

   B. 财富管理业务包含了面对大众客户的个人理财业务和面对高净值客户的私人银行业务

   C. 私人银行业务是个人理财业务发展的高级阶段

   D. 财富管理业务特指面对高净值客户的个人理财业务

8. 我国积极发展财富管理行业的重大意义体现在（　　）。

    A. 提升金融体系效率　　　　　　　B. 改善人民生活质量，促进社会公平

    C. 减少居民家庭对房地产投资的依赖　D. 增加居民家庭财产性收入

    E. 深化金融供给侧改革

9. 推动财富管理行业发展的因素有（　　）。

    A. 居民收入与财富增长

    B. 高净值客户财富管理需求的结构性变化

    C. 财富管理行业专业化水平的提高

    D. 财富科技的快速发展

10. 促使家庭金融成为一个新的研究领域的原因可能有（　　）。

    A. 家庭所拥有的资产、所享有的金融服务和所使用的金融产品占据金融行业的主要领域

    B. 家庭具有不可贸易的人力资本

    C. 家庭决策中的诸多重要问题被公司金融和资产定价的相关研究所忽视

    D. 家庭金融与公司金融和资产定价共同组成微观金融研究体系

参考答案

思考习题

1. 什么是财富管理？财富管理与资产管理的联系和区别是什么？

答：财富管理定义为"以个人或家庭客户生命周期金融服务需求为核心，设计出一套全面的财务规划，对客户的资产、负债、流动性等进行管理，帮助客户降低风险，实现财富保值、增值和传承等目的，主要包括资产配置、现金与债务管理、房地产投资规划、保险规划、退休与养老金规划、财富保全与传承规划、法律与税务规划、跨境金融服务，甚至私营企业管理咨询等全面与系统性的金融与相关非金融服务"。

财富管理与资产管理的联系和区别：①管理对象、服务范围、管理目标的联系和区别。资产管理的对象主要是金融资产，其管理目标主要是实现资产的保值与增值；而财富管理的对象包括所有财富，其管理目标是通过全方位的服务实现家庭生命周期

内资产配置、风险保障管理、财富保全与传承、税收筹划等。②管理模式的联系和区别。资产管理专注于投资管理服务，以产品为中心，创设与供给金融产品，并以提高资产相对收益率为目标，提供相对统一的、标准化的金融服务；而财富管理则以客户为中心，从客户需求出发，提供更多的是客户目标导向的、专业化与定制化的服务。③对管理能力要求与客户了解程度的联系和区别。资产管理主要强调投资能力，而财富管理则更强调资产配置能力。资产管理对客户各种信息的了解与获取比较单一，而财富管理则需要深入和全面了解客户的多元化目标、各类财务与非财务信息、目标与信息的动态变化。④从金融服务业产业链分工角度看两者存在的联系和区别。从广义的角度来看，财富管理可以涵盖资产管理的部分甚至大部分内容，因为所有有助于客户实现资产管理目标的方法和手段都可以纳入财富管理的范畴。但是如果从狭义的角度而言，财富管理和资产管理处于金融服务产业链的上下游，资产管理提供金融产品设计与投资管理服务，财富管理则根据客户目标和需求，从现有金融产品中选择部分产品推荐给客户进行资产配置或（并）协助客户从事资产管理。

2. 财富管理行业有哪几个发展阶段？推动财富管理行业发展的因素有哪些？

答：财富管理行业的发展可分为三个阶段：①财富管理行业的萌芽期。此阶段开始出现帮别人管理财产的职业和家族内设的财产管理机构，但作为单独的财富管理行业尚未形成。②财富管理行业的初步发展与稳健成长阶段。沿着瑞士（16世纪后）—伦敦（18世纪第一次工业革命后）—纽约（19世纪第二次工业革命后）的发展路线，财富管理行业的经营范围和业务模式逐渐成熟，从业机构和集聚城市不断丰富扩张，从初步发展阶段进入稳健成长阶段。③财富管理行业的创新发展与转型发展阶段。20世纪80年代以来，以伦敦、纽约等成熟财富管理中心与东京、香港、新加坡等新晋财富管理中心为主的全球财富管理市场经历了金融自由化与金融创新、金融兼并浪潮后，各国和地区开始强化金融分业监管。金融全球化与金融科技的发展导致监管放松，之后迎来进一步金融创新。次贷危机后，各国和地区再一次强化监管。多次技术推动下的市场发展后，金融业面临新的监管调整，导致财富管理行业在新的市场需求、市场供给和市场监管条件下不断创新和转型。

推动财富管理行业发展的因素：居民收入与财富的快速增长、财富管理专业化水平提高与分工细化以及财富科技的快速发展。

3. 中国积极稳妥发展财富管理行业的重大意义主要体现在哪几个方面？

答：①积极稳妥发展财富管理行业有利于推动财富管理机构以客户需求为导向，提供个性化、差异化和定制化的金融产品与服务，推动机构体系、产品与服务体系的优化调整，深化金融供给侧结构性改革；②积极稳妥发展财富管理行业有利于降低信息不对称程度，降低交易成本，提高储蓄用于投资的转化能力，从而降低金融体系运行成本，提高金融服务实体经济的能力，提升金融体系效率；③积极稳妥发展财富管理行业有利于拓宽居民家庭投资渠道，有效增加居民家庭财产性收入，降低对房地产投资的依赖，提升金融服务人民生活的能力；④积极稳妥发展财富管理行业可以促进社会公平与社会经济稳定。

4. 消费储蓄理论、家庭经济学、经典金融经济学以及行为金融学为财富管理提供了哪些方法论和分析思路？

答：财富管理的基本思路主要回答以下几个问题：一是可管理的财富具体是什么，有多少，如何取得；二是如何管理这些积累的财富，满足家庭对已有财富的安全性、流动性和收益性在各生命周期阶段的不同需求；三是如何运用积累的财富防范各类家庭风险，为家庭生活保驾护航。

消费储蓄理论为财富管理主要提供了差异化的"生命周期"分析方法和如何实现财富积累的"消费-储蓄"分析思路；家庭经济学将家庭看成生产者和消费者双重身份，将有形财富看作无形的人力资本财富的收益累积，并通过提出家庭内部的"利他性"把个人财富管理拓展到家庭财富管理，为财富的积累、子女教育规划、财富传承等提供了理论基础；经典金融经济学从资产的安全性、流动性、收益性特征和投资者的风险特征两个维度的综合分析为家庭资产配置和家庭风险防范提供了基本的理论指导；行为金融学提出决策者的"偏好差异""有限理性"和"认知偏差与心理偏差"等假设，为以客户需求为导向，制定个性化、差异化和定制化的财富管理方案以及财富管理方案的修正提供了基本的理论支撑。

5. 家庭金融学为财富管理提供了哪些方法论和分析思路？

答：家庭金融学是研究家庭如何利用金融工具达到家庭目标的学科领域，主要研究与家庭储蓄、家庭投资组合行为、借贷行为、投资选择相关的主题。家庭金融学提出：家庭的最大化效用取决于整个生命周期内全体家庭成员的整体效用，不同的家庭生命周期阶段存在不同的家庭目标，多数家庭的财富积累主要来源于不可贸易的人力资本，家庭拥有以房产为主的流动性较低的实物资产，家庭总会面临信贷约束等。

家庭的决策以上述特征为前提，在复杂的制度环境与金融环境条件下，家庭决策者的有限理性和认知偏差导致其财富管理能力受限，家庭金融学在家庭决策者金融素养的提升、财富管理机构的产品创设和财富管理方案的设计甚至监管部门的制度设计方面都具有核心的作用。

计算题

题干略。

（1）解：

$$H_{22}^{\ominus} = \frac{10}{1+3\%} + \frac{10\times(1+5\%)}{(1+3\%)^2} + \cdots + \frac{10\times(1+5\%)^{52}}{(1+3\%)^{53}}$$

$$= \frac{10}{1+3\%}\left[1+\left(\frac{1+5\%}{1+3\%}\right)^1+\left(\frac{1+5\%}{1+3\%}\right)^2+\cdots+\left(\frac{1+5\%}{1+3\%}\right)^{52}\right]$$

$$= \frac{10}{1+3\%}\sum_{T=23}^{75}\left(\frac{1+5\%}{1+3\%}\right)^{T-23}$$

$$= \frac{10}{1+3\%}\times 91.216$$

$$=885.59（万元）$$

答：张先生在 22 岁时的人力资本为 885.59 万元。

（2）解：

$$H_{24} = \frac{13}{1+3\%} + \frac{13\times(1+5\%)}{(1+3\%)^2} + \cdots + \frac{13\times(1+5\%)^{50}}{(1+3\%)^{51}}$$

$$= \frac{13}{1+3\%}\left[1+\left(\frac{1+5\%}{1+3\%}\right)^1+\left(\frac{1+5\%}{1+3\%}\right)^2+\cdots+\left(\frac{1+5\%}{1+3\%}\right)^{50}\right]$$

$$= \frac{13}{1+3\%}\sum_{T=25}^{75}\left(\frac{1+5\%}{1+3\%}\right)^{T-25} = 1\,083.27（万元）$$

$$H_{22} = \frac{H_{24}}{(1+3\%)^2} = 1\,021.09（万元）$$

答：张先生在 22 岁时的人力资本为 1 021.09 万元。

$\ominus$ 为方便理解，H_n 表示 n 岁期末（$n+1$ 岁期初）时点的现值，$H_{n_1 - n_2}$ 表示 $n_1 \sim n_2$ 岁期间的现金流在 n_1 岁期末（$n_1 + 1$ 岁期初）时点的现值。

（3）解：

$$H_{27} = \frac{17}{1+3\%} + \frac{17\times(1+6\%)}{(1+3\%)^2} + \cdots + \frac{17\times(1+6\%)^{47}}{(1+3\%)^{48}}$$

$$= \frac{17}{1+3\%}\left[1+\left(\frac{1+6\%}{1+3\%}\right)^1+\left(\frac{1+6\%}{1+3\%}\right)^2+\cdots+\left(\frac{1+6\%}{1+3\%}\right)^{47}\right]$$

$$= \frac{17}{1+3\%}\sum_{T=28}^{75}\left(\frac{1+6\%}{1+3\%}\right)^{T-28}$$

$$= 1\,681.468\,（万元）$$

$$H_{22} = H_{22-27} + \frac{H_{27}}{(1+3\%)^{27-22}} = \frac{10}{1+3\%}\sum_{T=23}^{27}\left(\frac{1+5\%}{1+3\%}\right)^{T-23} + \frac{1\,681.468}{(1+3\%)^5}$$

$$= 50.466 + 1\,450.449 = 1\,500.915\,（万元）$$

答：张先生22岁时的人力资本为1 500.915万元。

（4）解：

$$H_{24-50} = \frac{13}{1+3\%} + \frac{13\times(1+6\%)}{(1+3\%)^2} + \cdots + \frac{13\times(1+6\%)^{25}}{(1+3\%)^{26}}$$

$$= \frac{13}{1+3\%}\left[1+\left(\frac{1+6\%}{1+3\%}\right)^1+\left(\frac{1+6\%}{1+3\%}\right)^2+\cdots+\left(\frac{1+6\%}{1+3\%}\right)^{25}\right]$$

$$= \frac{13}{1+3\%}\sum_{T=25}^{50}\left(\frac{1+6\%}{1+3\%}\right)^{T-25} = 480.794\,（万元）$$

$$I_{50} = 13\times(1+6\%)^{50-25} = 55.794\,3\,（万元）$$

$$H_{50-60} = I_{50}\left[\left(\frac{1+4\%}{1+3\%}\right)^1+\left(\frac{1+4\%}{1+3\%}\right)^2+\cdots+\left(\frac{1+4\%}{1+3\%}\right)^{10}\right] = 588.621\,（万元）$$

$$I_{60} = 13\times(1+6\%)^{25}(1+4\%)^{10} = 82.589\,2\,（万元）$$

$$H_{60-79} = \frac{I_{60}\times65\%}{1+3\%} + \frac{I_{60}\times65\%\,(1+2\%)}{(1+3\%)^2} + \cdots + \frac{I_{60}\times65\%(1+2\%)^{18}}{(1+3\%)^{19}}$$

$$= \frac{I_{60}\times65\%}{1+3\%}\sum_{T=61}^{79}\left(\frac{1+2\%}{1+3\%}\right)^{T-61} = 908.321\,（万元）$$

$$H_{22} = \frac{H_{24-50}}{(1+3\%)^2} + \frac{H_{50-60}}{(1+3\%)^{28}} + \frac{H_{60-79}}{(1+3\%)^{38}} = 1\,005.877\,（万元）$$

答：张先生22岁时的人力资本为1 005.877万元。

案例讨论：某私人银行企业主客户的财富管理规划

题干略。

（1）请结合李先生的家庭财务分析和财富管理目标，提出粗略的财富管理规划并初步归纳财富管理服务流程。

答：编制李先生收入支出表（见表 1-1）：

表 1-1　李先生 40～50 岁家庭年度收入支出表

收入		支出	
公司年分红收入	100 万元	家庭年生活支出	36 万元
年工资收入	60 万元	赡养父母支出	6 万元
		娱乐支出	4.8 万元
		医疗支出	1.2 万元
		子女教育支出	6 万元
年总收入	160 万元	年总支出	54 万元
		年度结余	106 万元

根据李先生财富管理退休规划，50 岁时退休只做股东，之后年度收入降低为 100 万元，50 岁后每年年度结余为 46 万元。李先生家庭当前总资产 3 000 万元，未有任何负债信息，其家庭财务状况良好，流动性充足。

根据其财富管理分项需求目标，对李先生家庭制订对应分项财富管理规划，具体有：①以资产保值增值为目的的资产配置与投资规划：3 000 万元的家庭资产中可投资金融资产和每年的结余资金可用来进行分散投资，在已有的风险承受能力下进行相应的资产组合，以适度的风险暴露获取投资收益；②以流动性管理为目的的现金与负债规划：在结余资金中配置可投资金融资产时，要做部分短期资产配置以应对流动性需求；③以风险管理与家庭保障为目的的保险规划：为家庭成员购买保险，李先生本人为家庭经济支柱，主要购买人寿险、意外险、重疾险和医疗险，为其他家庭成员购买重疾险、医疗险和意外险；④以风险隔离为目的的财富保全规划：利用夫妻个人财产公证、保险和信托等金融工具进行财产保全；⑤养老规划和子女教育规划：可为李先生本人和妻子购买年金保险以应对长寿风险，为孩子未来教育进行储蓄并购买教育基金、分红险或收益型信托产品以满足 15 年后约 200 万元终值的教育资金需求。

财富管理规划流程主要包括：建立客户关系，收集客户信息，分析客户财务状况及其动态变化，了解客户财富管理需求，制订财富管理方案并长期跟踪与调整反馈。

（2）你认为要为李先生家庭做一份比较精确的财富管理规划还需要哪些假设条件？

答：还需要了解客户李先生家庭更具体的资产结构、负债状况和结余资金的运用等信息；已知收入部分要进一步明确是税前或税后收入；已有可投资金融资产的未来预期收益率、市场的无风险利率（贴现率）、预期通货膨胀率；客户家庭已有的社会保障和商业保险的情况；孩子未来教育费用的动态变化、所赡养老人的预期余寿和预期医疗支出；所经营公司的持股比例、可能风险的连带责任和预期分红、投资性房产的财产收入状况；与家庭养老相关的夫妻二人的预期余寿和养老阶段的收入替代率等。

（3）你认为该案例涉及财富管理中哪些类型的服务？

答：该案例涉及财富管理中的资产配置规划、现金和负债规划、退休与养老规划、财富保全规划、子女教育规划、保险规划等多项财富管理分项服务。

自测与拓展

题号	1	2	3	4	5	6	7	8	9	10
答案	D	D	AB	CD	ABD	ABC	BC	ABCDE	ACD	ABC

财富管理流程

本章回顾

2.1 获得客户并建立客户关系

财富管理行业具有与生俱来的需求导向型特征。对于财富管理机构与财富管理从业人员而言,获取客户和对客户进行分类是最重要的前提。基于财富客户的财富来源、管理目标和时代性等指标,我国财富管理客户大致可分为传统高净值客户、企业家客户、家族客户、专业投资者和新富阶层客户以及传统大众客户六大类型。不同类型的客户存在不同的财富管理需求,即使是同一客户,在生命周期的不同阶段,其财富管理需求也存在显著差异,因此还需要对不同客户和同一客户在不同的生命周期阶段提供差异化服务。

财富管理需求可分为基本的财富管理需求与特殊的财富管理需求,也可分为单一的财富管理需求与全面系统的财富管理需求。基本的财富管理需求可以包括资产配置需求、现金和负债管理需求、住房规划需求、子女教育规划需求、保险规划需求、退休与养老规划需求;特殊的财富管理需求包括财富保全与传承规划需求、税收筹划需求等。

2.2 收集客户信息

客户信息主要指客户的财务信息与非财务信息。财务信息是指客户当前的资产负债状况、现金收入与支出状况、其他财务状况以及这些信息的未来变化。客户的非财务信息指除财务信息以外与财富管理有关的信息,包括客户的姓名和性别、出生日期和地点、健康状况、预期寿命、婚姻状况、子女信息、学历、职业职称、工作所在行业、社会地位、联系方式等客户基本信息,还包括客户的风险容忍度与风险承受能力、财富价值观与行为偏好、财富管理目标等信息。我国客户的财富价值观大致分为偏退休型(蚂蚁型)、偏子女型(慈乌型)、偏购房型(蜗牛型)和偏当前享受型(蟋蟀型)四种。

2.3 分析客户财务状况

搜集好客户财务信息后,需要编制客户的个人(家庭)资产负债表和现金收入支出表。个人(家庭)资产负债表反映了在某一时点上客户的资产和负债情况,它是客户过去各种经济活动的结果。由于财富管理中的资产负债表主要用于财务状况分析,因此可以根据财富管理客户经理的习惯和客户的具体情况进行设计。一般的个人(家庭)资产负债表包括资产和负债两部分。现金收入支出表将客户在某一时期的收入和支出进行归纳汇总,作为估计未来收入支出的基础,并以此反映客户收支情况与财务目标之间的差距,有助于客户经理判定其是否合理并提出改进的建议。

通过对资产负债表和现金收入支出表相关项目的比较,构建并计算负债资产比率、流动性比率、债务偿还收入比率、结余比率和投资与净资产比率等财务比率,采用比率分析方法分析客户在偿付债务、流动性和盈利性等方面的能力,同时了解客户的风险偏好、生活方式和价值取向,判断客户财务状况改善的可能性,进而为客户选择恰当的财富管理策略。

2.4 财富管理方案的制订、执行与评价

财富管理方案的制订与执行需要遵循安全性、流动性、收益性、保障性、灵活性、

综合性和完整性七个原则。财富管理方案要求我们对客户的实际情况和主观目标做一个全盘的考虑，在此基础上整合制订成一个相互关联的、具有可操作性的财富管理方案，将书面形式的财富管理方案传达给客户，多次征询客户的意见并在执行中根据新变化动态调整。一份完整财富管理规划方案的内容应包含封面及目录、重要提示及规划摘要、客户基本信息、客户财务状况分析及结论、客户的财富管理目标、财富管理的分项规划方案和具体执行步骤等。

关键概念与概念理解

关键概念	概念理解
财富管理方案	财富管理方案具有个性化和定制化特征
客户需求	客户在不同生命周期阶段，其财富管理分项需求的侧重点不同
财务信息	可以货币化的所有关于资产与负债、收入和支出等相关信息
财富价值观	家庭的财富价值观决定客户家庭效用函数的内部结构
净资产	净资产等于总资产减总负债
财务比率分析	用来描述和分析财务状况的方法
现金管理	对现金类资产进行的以流动性为主要目标的管理
风险偏好	包含风险偏好类型和风险偏好程度两个维度，也可理解为风险容忍度
风险承受能力	是指客户根据自己的收入和财富状况客观上能承受风险的能力
资产负债表	反映某一时点客户家庭的资产和负债状况

思考习题

1. 财富管理客户主要有哪些分类方法？主要的财富管理客户类型有哪些？这些财富管理客户的特征主要在于哪些方面？

2. 你的亲朋好友主要有哪些财富管理需求？从财富管理服务角度而言，他们的特征主要体现在哪些方面？

3. 财富管理服务的流程主要有哪些？为什么需要将客户的风险态度与风险承受能力进行有效匹配？

4. 以自己的家庭为例来进行财务分析和诊断，发现并指出问题所在。
5. 执行财富方案的核心要素是什么？一份财富方案价值高低的评价标准是什么？

案例讨论：家庭理财需求分析与家庭财富管理方案设计

1. 案例背景

董先生大学毕业后从基层的流水线工人做起，后转行到现任职公司做财务科员，经过多年的努力奋斗被任命为财务总监和执行董事。2020年，42岁的董先生目前持有该公司1.125%的股票，市值约为250万元，每年的分红收入约20万元，董先生每月的工资收入为8万元。董先生早年一直忙事业，所以结婚很晚。董太太目前在一家房地产公司供职，月薪为1.5万元左右，但收入不太稳定，主要依赖于售房业绩，有下滑的趋势。董先生与妻子育有一女，刚满4岁，在某知名幼儿园读书，每年的教育支出为7.6万元。董先生家在深圳和广州分别有1套住房，市值分别为1000万元和700万元，目前还有抵押贷款120万元没有偿还。两套住房一套自住，一套出租，年租金约为7.4万元。董先生家庭每月的日常消费支出为3.5万元，每月偿还住房抵押贷款1万元，家庭现有一部本田轿车，现值8万元。董先生的父母在河北老家生活，平日里由妹妹一家照顾，董先生每月支付5000元基本生活费，若父母遭遇重大疾病等意外，其费用全部由董先生承担。董太太的父母年事已高，身体情况尚可，但是没有任何收入来源，生活均靠董先生一家支持，每月需要5000元的生活费用。

前几年，董先生希望能在事业上有所突破，于是在2016年与朋友开了一家建材公司。董先生陆续投资了450多万元，但是一直惨淡经营，苦苦支撑了2年后于2018年关门，为此董先生亏损了250万元，还欠亲友120万元，约定在2021年年底偿清。经历过这次失败的投资后，董先生今后不想再继续进行实业投资。董先生家目前还有50万元定期存款，约有170万元股票被深度套牢。董先生公司只提供基本的社会医疗保障，他没有商业保险。董太太与女儿都有商业保险，每年的保费支出约为6万元。董先生曾到银行做过风险测评，其风险承受能力为中高等级，风险偏好为轻度风险规避。

2. 财富管理目标

（1）计划2021年年底能够将120万元欠款还完；
（2）目前所拥有的本田轿车已经使用超过10年，出于各方面权衡考虑，计划在今年内新购置一辆价值 40 万元左右的轿车；

（3）由于多年来长期的应酬，董先生身体情况不佳，患有高血压和糖尿病，预计很有可能会提前退休，为了保证晚年有体面的生活（保持目前的生活水准），并且不给家庭增加负担，董先生希望对养老退休生活做适当的规划；

（4）董先生非常孝顺，但由于保险意识淡薄，在早些年也没有想着替父母购买商业保险，目前父母年纪已逾 65 岁，因此只能计划为父母攒一部分积蓄，以应对父母出现重大疾病的情况；

（5）由于老来得女，董先生对女儿甚是宠爱，鉴于目前的身体状况，董先生想在自己退休的时候，甚至有可能是因病去世时，给女儿一个终身保障，不仅仅是孩子教育（留学 4 年，每年 40 万元），还希望让女儿走向社会就能过上独立、体面的生活（婚嫁金 180 万元）。

3. 条件假设

教育支出与房价的年增长率分别为 5% 与 4%，通货膨胀率为 3%；货币类与债权类产品的平均投资回报率分别为 3% 与 6%，股票类产品的平均投资回报率为 10%；不考虑收入增长。

4. 案例问题

（1）请根据案例背景制作董先生家庭的资产负债表与简易现金流量表，并详细诊断董先生家的财务状况。

（2）根据董先生家庭的财富管理目标，规划一套比较完善的财富管理方案。

自测与拓展

1. 根据财富来源的不同对财富管理客户进行划分，其主要类型有（　　）。

    A. 高净值客户　　　　　　　　B. 企业主客户

    C. 家族客户　　　　　　　　　D. 专业投资者客户

2. 财富管理从业人员在获得客户和维护客户关系步骤中应做到（　　）。

    A. 了解你的业务　　　　　　　B. 了解你的产品

    C. 了解你的客户　　　　　　　D. 了解你的岗位

3. 关于企业家客户，以下说法正确的是（　　）。

   A. 企业家客户存在"创富、守富和传承"的多元化财富管理需求

   B. 创富阶段的企业家具有更多的资产配置和投资规划需求

   C. 守富阶段的企业家的风险偏好相对较高

   D. 处在不同企业发展阶段的企业家客户具有不同的财富管理需求

4. 关于企业高管、律师、医生、高校教师等专业人士客户的特点，其说法正确的是（　　）。

   A. 财富积累主要来自其劳动收入

   B. 风险容忍度较强

   C. 风险承受能力较强

   D. 认知能力强，更倾向于自主财富管理

5. 以下关于中国财富管理客户的行为特征描述符合当前现实的有（　　）。

   A. 客户大多比较理性，不易受外界环境的影响

   B. 投机性较强

   C. 具有较高的金融素养

   D. 客户风险意识缺乏，对长期投资缺乏信心，对投资收益的短期波动敏感

6. 以下家庭生命周期内分项财富管理规划中，属于基本的财富管理规划的有（　　）。

   A. 财富保全与传承规划　　　　B. 现金与负债规划

   C. 投资与住房规划　　　　　　D. 保险规划

   E. 税收规划　　　　　　　　　F. 财富的全球配置

   G. 子女教育规划　　　　　　　H. 退休与养老规划

   I. 慈善捐赠规划

7. 财富管理流程包括以下哪几个环节？（　　）

   A. 获得客户　　　　　　　　　B. 收集并分析客户信息

   C. 制订财富管理方案　　　　　D. 执行、评价与动态调整财富管理方案

8. 以下各项信息中属于客户财务信息的有（　　）。

   A. 客户的财富管理目标　　　　B. 收入与支出信息

C. 客户行为的风险特征信息　　D. 资产与负债信息

　　E. 客户的社会保障信息

9. 家庭财务状况分析中常用的财务比率有（　　）。

　　A. 负债比率　　B. 结余比率

　　C. 资本收益率　　D. 流动性比率

　　E. 债务偿还收入比　　F. 权益报酬率

10. 财富管理方案的编制原则包括（　　）。

　　A. 安全性、流动性、收益性　　B. 保障性

　　C. 灵活性　　D. 完整性和综合性

参考答案

思考习题

1. 财富管理客户主要有哪些分类方法？主要的财富管理客户类型有哪些？这些财富管理客户的特征主要在于哪些方面？

答：财富管理客户可以根据财富拥有量、财富来源、职业、事业生命周期、财富管理参与程度与风险态度、客户生活工作的区域、客户的背景、客户的年龄、客户的行为、客户是否接受人工智能等财富科技驱动的财富管理产品与服务、客户不同的金融素养以及客户不同的财富管理目标等多种分类方法来细分。还有一些财富管理机构根据多重细分标准用矩阵对客户进行分类。

目前主要的财富管理客户类型有传统高净值客户、企业家客户、家族客户、专业投资者、新富阶层客户以及传统大众客户。①传统高净值客户。财富主要源于房地产投资或财富继承，青睐"刚性兑付"下的稳定收益，资金主要集中在银行体系内。②企业家客户。财富源于其企业经营，同时个人家庭财富与企业财富高度融合。处于"创富、守富和传承"不同阶段的企业家客户的财富管理需求不同。③家族客户。财富源于家族继承，或具有极强的传承需求。客户群体普遍呈现出较低的风险偏好，一般比较关注投资咨询服务、家庭成员的教育与职业规划、人身与财产保险，甚至婚姻资产保全、遗产信托等内容的全方位管家式服务。④专业投资者。财富主要来源于金融

市场交易，绝大部分的个人财富投资于股票二级市场。此类客户通常个人资金量较大且投资经验丰富，对融资融券、资本中介、研究支持、运营和风险控制支持等机构交易服务的需求较为强烈。⑤新富阶层客户。这类客户通常是指具有相对稳定的高收入的企业高管、医生、律师、科研院所研究人员和高校教师等非金融领域的专业人士。其财富形成依赖于持续稳定的高收入累积，劳动收入特征显著。他们一般具有较低的风险偏好，同时因具有稳定的现金流和预期收入而抗风险能力较强。另外，这类客户的受教育程度普遍较高，对专业投资机构的认可度较高。⑥传统大众客户。这类客户主要集中在商业银行，是商业银行数量最多、基础最广泛的客户，需要商业银行财富管理部门提供更多标准化的零售理财产品。

2. 你的亲朋好友主要有哪些财富管理需求？从财富管理服务角度而言，他们的特征主要体现在哪些方面？

提示：可根据个人自身社会关系的具体情况作答。不同特征的家庭具有不同的财富管理需求。财富管理需求主要包括资产配置需求、现金和负债管理需求、住房规划需求、子女教育规划需求、保险规划需求、退休与养老规划需求、财富保全与传承规划需求、税收筹划需求等。前六项为每个家庭在整个生命周期内都会产生的基本财富管理需求，不同家庭生命周期的财富管理需求重点各有不同；后两项为高净值家庭或拥有企业相关权益的家庭的特殊需求。不同财富家庭的特征主要涉及处于不同生命周期阶段的家庭其风险特征（包括风险容忍度和风险承受能力）、财富来源结构、已有资产结构和财富管理目标等。

3. 财富管理服务的流程主要有哪些？为什么需要将客户的风险态度与风险承受能力进行有效匹配？

答：财富管理的工作流程主要可以分为如下五个步骤：获得客户并建立客户关系、收集客户信息（包括财务信息和非财务信息）、编制与分析个人（家庭）资产负债表和现金收入支出表并利用家庭财务比率分析客户财务状况、根据客户财富管理需求制订财富管理方案、财富管理方案的执行与评价。

之所以要对客户的风险容忍度与风险承受能力进行有效匹配，是因为存在客户的风险容忍度和承受能力错位的客观现实。如果风险容忍度高于风险承受能力，有可能配置高于自身承受能力的高风险资产，对家庭财务状况造成不良影响；如果风险容忍度低于其风险承受能力，有可能配置过低风险的资产，从而丧失获取高收益的投资机会。为了在获得较高资产配置收益的同时保障家庭财务的安全运行，必须对客户的风险容忍度和风险承受能力进行有效匹配。在提出资产配置建议时需要进行投资者教育，在确定的风险承受能力条件下，面对过高风险容忍度的客户，建议其降低配置资产的风险，面对过低风险容忍度的客户，建议其提高风险资产的占比或增配较高风险的资产，以使客户的风险容忍度与风险承受能力趋于一致。

4. 以自己的家庭为例来进行财务分析和诊断，发现并指出问题所在。

答：根据自己家庭的实际资产负债和收入支出情况进行相关财务比率的计算，并依据表 2-1 中的比率参考节点进行家庭财务健康程度评估。

表 2-1 家庭财务分析指标

家庭财务比率	定义（计算公式）	参考节点	合适情况	某家庭实际比率
负债资产比率	总负债/总资产	0.5	R	0
流动性比率	流动性资产/每月支出	3～6	R	5
债务偿还收入比率	负债偿还/可支配收入	0.4	R	0
结余比率	收支结余/税后收入	0.1～0.3	R	0.2
投资与净资产比率	投资资产/净资产	0.5	H	0.2

以下为某家庭具体情况：夫妻都接近退休年龄，工作收入较低（家庭年劳动收入 10 万元），总资产中固定资产占比较大，金融资产超过 100 万元，有一定的财产收入；负债为 0，流动性比率为 5，流动性充足；结余比率为 0.2，结余储蓄水平较为合理；家庭投资与净资产比率仅 0.2，投资水平低，且结余积累的财富一般用于储蓄和理财，收益较低。

该家庭核心问题是家庭资产配置中金融资产投资比率过低，且投资组合中皆为低风险投资，投资收益率低。客户夫妻接近退休年龄，需要购买相应年金保险，并结合已有社会保障和商业保险情况补充相应健康保险。

理财建议：可保留 10 万元存款当紧急预备金，在实际存款利率为负的情形下，可将此 10 万元存款购买 T+0 的货币基金或者结构性存款；将剩余大部分资产购买中长期低风险金融资产（如债券型基金），小部分资金购买中高风险基金（如股债混合型基金或者股票型基金）；每期的资产收益以基金定投的方式投资配置型基金，实现资产的保值增值；保险方面，可在达到最大投保年龄限制前加保医疗险、重疾险和意外险，来转移大额医疗费侵蚀资产的风险；另外，可购买年金保险，以补充社会养老保障的不足。

5. 执行财富方案的核心要素是什么？一份财富方案价值高低的评价标准是什么？

答：进行财富方案设计的核心要素：客户财务与非财务状况分析，客户的财富管理目标。根据核心要素、执行原则和基本流程来制定合适的分项与综合财富管理方案。

对一份财富管理方案的评估需要从方案的原理性、技术性、平衡性、综合性和操作性五个方面进行考察。具体包括：评估现代财富管理理论与理念是否在方案中进行运用，方案是否显示可用技术方法解决客户的问题，方案是否实现资源配置的优化与平衡，方案是否站在综合性角度统筹考虑，目标确定和方案的具体执行是否具有可操作性等。

案例讨论：家庭理财需求分析与财富管理方案设计

题干略。

（1）请根据案例背景制作董先生家庭的资产负债表与简易现金流量表，并详细诊断董先生家的财务状况。

答：董先生家庭的资产负债表见表2-2，简易现金流量表见表2-3。

表2-2　家庭资产负债表　　　　　　　　　　　　　　　单位：万元

资产	第1年	第11年	负债	第1年	第11年
住房	1 700	2 516.4	房贷余额	120	0
汽车	8	40	投资亏损欠款	120	0
定期存款	50	50	总负债	240	0
股票	170	276.9			
公司持股市值	250	407.2	净资产	1 938	3 748.5
结余资金形成资产	0	458			
总资产	2 178	3 748.5	负债+净资产	2 178	3 748.5

注：住房价格每年上涨4%，根据谨慎性原则，预估股票与股权资产年平均回报率为5%，根据收入支出表，年度结余61.8万元，两年内还清投资亏损欠款，第三年购买一台40万元的车，之后结余增加家庭总资产，不考虑通胀与结余资金储蓄回报，前10年应结余新增家庭资产约61.8×10-120-40=458（万元）。

表2-3　家庭简易现金流量表　　　　　　　　　　　　　单位：万元

年度收入	第1年	第11年	年度支出	第1年	第11年
分红收入	20	20	日常支出	42	56.4
丈夫工资收入	96	57.6	赡养父母支出	12	16.1
妻子工资收入	18	10.8	子女教育支出	7.6	12.4
房屋出租收入	7.4	7.4	偿还贷款支出	12	0
			保费支出	6	6
年收入总额	141.4	95.8	年支出总额	79.6	90.9
			年度结余	61.8	4.9

注：假设董先生再工作10年后提前退休（假设52岁退休），此时房贷结清，假设妻子当前40岁，50岁退休，若退休后养老金的收入替代率皆为60%，子女教育支出年增长率为5%，家庭其他收入不变，支出受通胀影响（保费支出除外），通胀率为3%。

说明：由于案例答题篇幅限制，我们只列示第 1 年和夫妻俩退休假设下第 11 年的财务状况，但在完整财富管理方案的制订中，还需要关注孩子完成学业、婚嫁离家和所赡养父母余寿结束等时间节点的财务状况变化；另外需要根据通胀率、各项资产市场价值增长率、回报率等假设对每一年的资产负债和收入支出等财务指标逐年进行核算。

假设投资性房产价值为 1 000 万元。投资性资产包括投资性房产和其他金融资产。

从家庭财务比率表（见表 2-4）可以看出，工作期间，董先生家庭的负债率低，家庭资产流动性充分，债务偿还负担较轻（2022 年除外，该年债务偿还收入比为 0.93），结余储蓄率较高，投资性资产占净资产比率较高，家庭整体财务状况良好。但在提前退休后，家庭负担重，流动性不足，结余比率非常低，如果缺乏提前现金规划，家庭将可能因意外支出冲击而导致财务状况恶化。在已有资产结构方面，缺少流动性资产的配置，可投资金融资产的投资结构单一，家庭资产风险较高。另外保险资产占比过低，且以董先生为被保险人的商业保险缺乏，导致家庭成员人身风险过高。

表 2-4　家庭财务比率表

财务比率	计算公式	第 1 年	第 11 年
负债资产比率	负债/总资产	0.11	0
流动性比率	流动性资产/每月支出	9.36	0.65
债务偿还收入比率	负债偿还/可支配收入	0.08	0
结余比率	结余/税后收入	0.44	0.05
投资与净资产比率	投资性资产/净资产	0.76	0.71

注：流动性资产没有说明，但按年度收入与支出匹配，年度结余可视为流动资产。

（2）根据董先生家庭的财富管理目标，规划一套比较完善的财富管理方案。

答：根据其家庭的财务状况和财富管理目标，可以从以下几方面展开规划。

（1）还款规划：因为计划 2022 年年底还清 120 万元投资亏损欠款，当年的结余不足以还清，但董先生家庭其他各年份结余稳定，还款能力强，可以考虑提高还款利率，延长还款期限至 2～3 年并进行分期付款；如果不能延期则可选择另行举债用新债还旧债。

（2）增加长期保障性金融资产：董先生是家庭经济支柱，应作为家庭重心购买更充足的商业保险，配置意外保险、重大疾病保险、医疗保险和应对家庭责任期内死亡风险的人寿保险，适当补充其他家庭成员的重疾险、医疗险与意外险。另外，需综合考虑夫妻已有的社会保障情况，以不少于 60%替代率的养老金收入标准进行商业养老保险的配置。

（3）满足教育需求、专项投入教育储备：董先生的女儿（目前 4 岁）14 年后国外留学的费用大概需要 160 万元，预计 20 年后婚嫁金 180 万元，可提前购买教育基金产品或信托产品保障这两笔费用。

（4）父母医疗费用规划：因为家里老人都未购买商业保险，无退休资金，所以董先生需根据父母享受社会基本医疗保障的情况，为父母补充购买不设购买年龄限制的商业医疗保险，并为父母储备一笔医疗费用，该笔预算资金可购买流动性好、有一定收益的结构性存款产品、理财产品或货币基金。

自测与拓展

题号	1	2	3	4	5	6	7	8	9	10
答案	BCD	ABC	AD	AC	BD	BCDGH	ABCD	BDE	ABDE	ABCD

第 3 章

财富管理体系

本章回顾

3.1 财富管理机构体系

根据机构的历史起源与业务特点,全球范围内从事财富管理业务的机构包括家族办公室、私人银行、投资银行/证券公司、商业银行、信托公司、保险公司和第三方财富管理机构七大类型。

家族办公室是财富管理的顶级形态,为超高净值家族客户提供财富管理服务与家族管家服务。私人银行向高净值个人或家庭客户提供符合其需求的综合金融产品与金融服务。作为机构的私人银行主要存在于欧洲市场,是以私人银行业务为核心业务或者唯一业务的财富管理机构。投资银行是北美财富管理市场的主要从业机构,主要是借助投资银行平台,为企业主客户个人及其公司提供高度定制化的投融资、大额借贷和共同投资等服务。商业银行的财富管理业务是在早期的银行个人理财业务基础上发展形成的,具有客户数量大、层级多、涉及面广、产品与服务比较全面等特征,业务发展的规模优势突出,是中国财富管理市场的主力机构。信托公司是我国金融机构中唯一能够横跨货币市场、资本市场和实业投资领域进行经营的金融机构,其财富管理业务具有最广泛和最灵活的优势。保险公司提供的财富管理服务是任何财富人群都不可或缺的。保险的功能与财富管理目标高度契合，在债务风险隔离、风险转移、损失补偿、资产保全与传承、避税和投融资等多个方面满足不同层次人群财富管理的需要，是任何财富管理人群所必需的产品类型。第三方财富管理机构以满足客户需求为中心，以对各类金融产品的客观公正的分析评价为基础，为客户筛选符合其需求的产品组合，提供专业的资产配置与财务规划方案并辅助客户执行，为客户的财富实现保值、增值和传承服务。

3.2 财富管理产品体系

向财富客户提供资产配置服务的基本理念就是根据客户所要求的投资目标，遵循分散化投资原则，将财富配置到不同类型的资产中。根据可投资品的产品价值（收益）、风险与流动性特征在满足客户需求方面的功能差异进行分类，财富管理业务中可投资品基本可分为现金资产类、固定收益类、权益资产类、另类资产类、保险类、信托类和跨境产品类七大类别。

现金资产类产品具有高流动性、低风险和低收益特征。固定收益类产品也称为利率类产品，通常具有未来时期内还本付息的基本特征，具有信用风险、利率风险以及可能的赎回风险，其流动性与期限和是否具有成熟的二级市场有关。权益资产类产品大多以公开上市股票或非公开股权的形式呈现。公开上市股票因其标准化和公开交易而具有成熟的二级市场，具有极好的流动性。非公开的企业股权包括非上市公司的股权和上市公司的非公开交易股权，属于非标资产，流动性较差，风险高。固定收益类产品和权益资产类产品根据其产品构成属性又都可以分为基础产品、衍生品和结构化产品。就基础产品而言，相比固定收益类基础产品，权益类基础产品具有更高的风险和更高的可能收益；衍生品既可作为风险对冲工具，也可作为通过主动风险暴露获得高收益的投资工具；结构化产品的风险收益和流动性特征相对复杂，其资产属性取决于结构化产品的构成和流程设计。另类资产类产品包括实物类资产和另类金融类资产，相对于传统金融投资而言，其在投资资产类别或投资策略和交易方式层面都有显著不同特点，投资风险普遍较高，不同另类资产的流动性差别也非常大。保险类产品是由保险公司以保险合同的形式为客户提供人身风险和财产风险管理的产品类别，具有覆盖风险敞口、财富保障、税收优化和财富传承等功能，部分保单还具有融资功能。信托类产品在内涵上表现为一组信托法律制度要素和金融技术要素的有机组合，具有优越的风险隔离功能、广泛的适用范围和灵活的交易结构。保险类产品和信托类产品由于其投资目的的特殊性而具有较差的流动性，风险相对较小。跨境产品类包括上述所有类别的境外可投资产品，具有资产自身风险和汇率风险双重风险特征，不同类型的境外可投资产品其流动性、安全性和收益性也各不相同。

3.3 财富管理服务体系

按照财富管理服务内容和满足客户需求功能的不同进行划分，财富管理服务可以主要分为资产配置服务、财富传承与保障服务、跨境金融服务、法律和税务咨询服务以及企业管理咨询服务等。根据服务方式与收入模式，可以分为顾问咨询服务与管理费模式、经纪服务与佣金模式和综合服务收入模式。

资产配置服务是指为满足客户对财富的保值和增值需求，为客户提供对其可投资资产进行投资交易咨询、投资组合咨询或全权委托等服务，服务内容包括资产配置方案的制订、执行和交易操作等。财富传承与保障服务是指为满足客户对财富的风险隔离和代际传承需求，为客户提供包括财产公证、生前赠与、遗嘱（遗产规划）、大额保单、家族信托、家族慈善基金会等服务。跨境金融服务是指为满足客户对财富的全球资产配置和对家庭成员人生规划需求，为客户家庭提供子女留学服务、境外投资服务、移民服务、离岸信托计划，为客户企业提供境外融资、结算、全球现金管理和投资银行服务等。法律和税务咨询服务是指为有效防范法律风险、保障客户家庭或企业的税收安全、节约税收成本，向客户提供多项涉及客户个人和家庭成员的人身权益、家庭的财产权益、家庭和企业的税收安排等方面的解释说明、咨询建议或出具解决方案等服务。企业管理咨询服务是指财富管理机构为提高客户黏性，帮助客户解决企业经营管理问题所提供的专业服务，具体包括利用专业手段帮助客户发现经营管理方面的问题、分析并查明问题产生的原因、提出切实可行的改善方案并给予实施指导等。

3.4 财富管理监管体系

对财富管理行业进行监管的目的是保障市场健康运行，促进市场参与，提高市场运行效率，实现财富管理市场对整个社会经济金融运行的基本功能。目前我国金融监管架构是自2018年开始的"一委一行两会+外管局+地方金融监管局"综合监管架构。"一委"指国务院金融稳定发展委员会，"一行"指中国人民银行，"两会"指证监会与银保监会。规范我国财富管理行业发展的法律法规和相关指导文件总共涉及三个层面：一是在国家层面，由全国人大常委会颁布的行业相关法律，如《中华人民共和国人民银行法》《中华人民共和国商业银行法》《中华人民共和国证券法》《中华人民共和国保险法》《中华人民共和国信托法》《中华人民共和国证券投资基金法》和《中华人民共和国消费者权益保护法》；二是由金融监管部门颁布的行业相关管理制度与规定，如《关于规范金融机构资产管理业务的指导意见》（简称"资管新规"）、《商业银行理财业务监管管理办法》（简称"理财新规"）等；三是各金融分业的行业自律机构即行业协会发布的各金融分业自律公文。

关键概念与概念理解

关键概念	概念理解
基础资产	内部结构简单，收益与风险易识别
金融衍生品	以基础类产品或金融变量为基本标的，具有杠杆或信用交易特征
结构化产品	融合了固定收益证券和金融衍生工具特征的一类新证券
期权	是赋予持有人在某种特定条件下以固定价格交易资产的权利的合约
期货	是指买卖双方以指定交易条件交收现货的进行跨期交易的合约
资产证券化	以资产未来现金流为偿付支持发行证券的过程
信用风险	负债方不履行到期债务偿付义务导致债权人利益损失的可能
利率风险	因市场利率变动的不确定性所产生的损失的可能
赎回风险	债券购买者所面临的债券提前被发行方赎回所产生的损失的可能
信托	委托人将其财产权委托给受托人，受托人按照委托人的要求将财产管理和处置收益给予受益人的行为
财富管理机构	向家庭和个人客户提供财富管理服务、开展财富管理业务的机构

思考习题

1. 不同财富管理机构的财富管理业务各存在哪些特点？
2. 财富管理业务中的可投资产品类别有哪些？各产品类别都具有哪些收益与风险特征？

3. 金融基础产品、金融衍生品与结构化产品之间的关系如何？
4. 财富管理服务主要有哪几种类型？
5. 试论我国现有财富管理行业发展现状。
6. 浅析资管新规及资管新规实施细则的颁布对我国各财富管理机构开展业务的影响。

案例讨论：某财富管理机构家族综合事务与财富管理业务模块表[一]

一、财富管理	三、银行、保险和物业

1. 资产配置顾问服务
  A. 资产核算与评估
  B. 资产配置诊断及建议
  C. 管理者选择
  D. 流动性规划
  E. 再平衡（基于市场判断和客户指令）
  F. 风险管理
  G. 全球监管及预警
 	
2. 家族财富年度报告（非公开）
  A. 会计报表、合并报表与分析报告
  B. 审计
	1. 银行
	  A. 开户、清算、支付、转账
	  B. 会计报表、会计监督、会计管理、簿记
	  C. 融资、贷款、抵押
	  D. 现金和外汇垫付
	  E. 信用卡
	
	2. 保险
	  A. 保险选择
	  B. 财产和汽车保险
	  C. 健康保险
	  D. 人寿保险
	  E. 责任保险
	  F. 保险维护和理赔处理
	  G. 个人养老金计划

二、税收与法律服务
1. 税收咨询和纳税申报
  A. 战略税收咨询、税收筹划及实施
  B. 企业跨国（境）经营与跨境税收筹划
  C. 退税申报和避免双重征税政策咨询
 	
2. 资产规划
  A. 家族宪法与章程、家族合约和婚前协议
  B. 继承计划与实施方案
  C. 遗嘱、捐赠、基金会、信托的设立
  D. 遗嘱执行人、信托受托人和未成年保护人（监管人）的选择和确定
	3. 物业
	  A. 物业选择
	  B. 交易和出售管理
	  C. 物业管理
	  D. 交易前尽职调查
	  E. 建造监理和申请变更许可（文物古迹生态保护、邻居等）等事项

[一] 吴正新、罗凯：《中国高端财富管理大类资产配置研究》。

（续）

4. 其他法律服务
   A. 移民、配偶移民、子女移民及国籍问题
   B. 针对中央或所在地的法律咨询
   C. 房产及各类地产中的合同问题
   D. 一般法律建议

5. 公共关系
   A. 媒体维护
   B. 舆情监测和危机干预

四、教育、健康和个人成长事务
1. 教育和子女教育
   A. 中小学选择及择校规定的咨询
   B. 大学选择与咨询（含研究生等）
   C. 职业建议

2. 健康管理
   A. 医师和教练选择
   B. 疗养地选择和咨询
   C. 医疗和保健服务
   D. 配偶、子女和父母健康管理

3. 个人成长
   A. 性格培养、精神和心理提升以及生活方式的教练选聘和方案建议
   B. 家族和婚姻问题、危机管理问题方面的专家选聘
   C. 社交礼仪和国际文化差异的培训等

4. 接班人培养（可选升级单元）
   A. 接班子女有关传承风险的教育
   B. 接班子女公司内轮岗与晋升考核评估
   C. 接班子女单独管理或创办子公司360度评测
   D. 接班子女外部关系维护（客户、政商人脉和公共关系）的第三方反馈评估

五、安全管理
1. 个人服务
   A. 住所、学校、单位、交通路线的安保
   B. 住所和汽车的电子化监控
   C. 个人住房安全建议
   D. 内部员工筛选和定期动态获取

2. 团体服务
   A. 与警局、派出所的合作协议
   B. 个人数据和档案存储
   C. 赔偿金政策
   D. 高管保护
   E. 防止汽车等抢劫的培训
   F. 危机管理和意外事故计划

六、慈善服务
1. 教育、医院等慈善和公益的合约订立、款项划付、活动组织等
2. 参加慈善活动
3. 基金会的运营和监督
4. 公关宣传和员工教育
5. 子女慈善教育

七、礼宾服务
1. 旅行
   A. 旅行计划
   B. 签证、护照、驾驶证

2. 服务外包
   A. 服务合约谈判
   B. 汽车销售和交易、登记、租赁和出租、驾驶员
   C. 内部员工筛选、聘用、管理和五险一金
   D. 其他

3. 迁移
   A. 搬家
   B. 国际移民
   C. 宠物、家电等服务

4. 其他服务
   A. 一般保密服务
   B. 个人IT服务
   C. 支票支付
   D. 指定送达、传真和快递等
   E. 艺术品服务（出售、购买、保险、运输、拍卖、展出等）

案例思考：

（1）请结合案例分析不同财富水平的客户家庭所需要的财富管理服务有何不同。

（2）请结合案例分析处于不同生命周期的客户家庭所需要的财富管理服务有何不同。

（3）如果目前有一个普通的三口之家：户主张先生48岁，有自己的私营企业；妻子45岁，公务员；儿子18岁，面临高考。家庭拥有2套价值500万元的房产，其他实物资产价值50万元，金融资产300万元。请问该家庭可能面临哪些财富管理服务的需求？

自测与拓展

1. 关于投资银行财富管理业务特征，以下描述正确的是（　　）。

   A. 客户对象主要是企业主客户

   B. 家族服务是其财富管理业务的核心

   C. 与其他机构的财富管理客户相比，客户存在更多与企业相关的融资服务需求

   D. 客户黏性高

2. 关于私人银行业务，以下描述正确的是（　　）。

   A. 以高净值个人和家庭客户为服务对象

   B. 服务方案具有定制化和个性化特征

   C. 不存在机构内部因范围经济所导致的利益冲突

   D. 私密性强

3. 商业银行类财富管理机构的组织管理模式有（　　）。

   A. "大资管"模式　　　　　　　B. 独立法人模式

   C. "大零售"模式　　　　　　　D. "事业部"模式

4. 财富管理产品体系中的信托产品必须具备的条件有（　　）。

   A. 独立的信托财产

   B. 具备委托人、受托人和受益人三方当事人

C. 独立的受益权

D. 信托责任与信托利益相分离，受托人对信托财产具有有限责任

5. 保险公司内部开展财富管理业务的组织管理模式有（　　）。

   A. 部门/中心模式　　　　　　　　B. 独立法人模式

   C. 异业联盟模式　　　　　　　　D. 品牌产品模式

   E. 集团内银保合作模式

6. 推动第三方财富管理机构兴起和发展的影响因素有（　　）。

   A. 财富人群数量的增加以及家庭财富规模的大幅度增加

   B. 信息不对称程度下降

   C. 传统金融中介机构的道德风险

   D. 金融创新不断增加，金融产品的复杂化程度上升

7. 相对于传统金融中介而言，第三方独立财富管理机构的优势有（　　）。

   A. 专业的产品创设能力　　　　　B. 资金安全

   C. 专业的客户服务能力　　　　　D. 立场独立，利益冲突更小

   E. 风控严格　　　　　　　　　　F. 规模经济效应

8. 关于财富管理产品的属性分类，阐述正确的是（　　）。

   A. 基础类资产的潜在风险与收益易于识别，标准化程度高

   B. 对金融衍生品的投资可以实现投资者风险暴露的个性化和定制化

   C. 嵌入衍生工具的证券属于结构化产品

   D. 金融衍生品大多采用绝对定价法，即用未来现金流的现值来进行产品估值

   E. 金融衍生品具有杠杆或信用交易特征，是对现时基础工具的未来结果进行交易

9. 下面各项属于另类金融资产类别的财富管理产品的有（　　）。

   A. 不动产　　　　　　　　　　　B. 资产证券化产品

   C. 非上市公司股权　　　　　　　D. 大宗商品

   E. 对冲基金　　　　　　　　　　F. 重振资本

10. 保险类产品具有以下哪些功能？（　　）

A. 覆盖风险敞口　　　　　　B. 税收优化

C. 财富传承　　　　　　　　D. 财富保值增值

参考答案

思考习题

1. 不同财富管理机构的财富管理业务各存在哪些特点？

答：目前全球财富管理机构大概可分为家族办公室、私人银行、投资银行/证券公司、商业银行、信托公司、保险公司和第三方独立财富管理机构七大类。中国财富市场上除了没有专门的私人银行类财富管理机构，其他六大类机构都开展财富管理业务，但核心力量还是商业银行。

家族办公室是顶级的财富管理业态，为顶级财富客户提供包括家族服务在内的全面且完全定制化的财富管理服务，私密性极强。私人银行最大的特点是其私人银行业务的品牌优势突出，但缺少跨部门协作的规模优势。投资银行通常以借贷和参股的方式投资客户的企业而与客户形成利益共同体，客户黏度很高。商业银行类财富管理机构具有客户数量大、层级多、涉及面广、产品与服务比较全面等特征，业务发展的规模优势突出。信托公司是我国金融机构中唯一能够横跨货币市场、资本市场和实业投资领域进行经营的金融机构，信托牌照具有最广泛的类似于金融"全牌照"的业务灵活性优势。保险公司因其保险产品的风险隔离、风险转移和损失补偿功能为客户起到财富管理的"压舱石"的作用。成熟市场上第三方独立财富管理机构具有立场独立、资金安全、风控严格和服务专业等特点。

2. 财富管理业务中的可投资产品类别有哪些？各产品类别都具有哪些收益与风险特征？

答：财富管理业务中可投资品的分类基本可分为现金资产类、固定收益类、权益资产类、另类资产类、保险类、信托类和跨境产品类七大类别。

现金资产类产品具有高流动性、低风险和低收益特征。固定收益类产品也称为利率类产品，通常具有未来时期内还本付息的基本特征，具有信用风险、利率风险以及可能的赎回风险，其流动性与期限和是否具有成熟二级市场有关。权益资产类产品大多以公开上市股票或非公开股权的形式呈现。公开上市股票因其标准化和公开交易而具有成熟的二级市场，具有极好的流动性。非公开的企业股权包括非上市公司的股权和上市公司的非公开交易股权，属于非标资产，流动性较差，风险高。固定收益类产品和权益资产类产品根据其产品构成属性又都可以分为基础产品、衍生品和结构化产品。就基础产品而言，相比固收类基础产品，权益类基础产品具有更高的风险和更高的可能收益；衍生品既可作为风险对冲工具，也可作为通过主动风险暴露获得高收益的投资工具；结构化产品的风险收益和流动性特征相对复杂，其资产属性取决于结构化产品的构成和流程设计。另类资产类产品包括实物类资产和另类金融类资产，相对于传统金融投资而言，其在投资资产类别或投资策略和交易方式层面都具有显著不同特点的投资类型，投资风险普遍较高，不同另类资产的流动性差别也非常大。保险类产品是由保险公司以保险合同的形式为客户提供人身风险和财产风险管理的产品类别，具有覆盖风险敞口、财富保障、税收优化和财富传承等功能，部分保单还具有融资功能。信托类产品在内涵上表现为一组信托法律制度要素和金融技术要素的有机组合，具有优越的风险隔离功能、广泛的适用范围和灵活的交易结构。保险类产品和信托类产品由于其投资目的的特殊性而具有较差的流动性，风险相对较小。跨境产品类包括上述所有类别的境外可投资产品，具有资产自身风险和汇率风险双重风险特征，不同类型的境外可投资产品其流动性、安全性和收益性也各不相同。

3. 金融基础产品、金融衍生品与结构化产品之间的关系如何？

答：不管是基础产品还是衍生品和结构化产品，都属于金融类产品（虚拟资产）的范畴，与间接投资活动相关。基础产品又称基础资产，通常是指用未来现金流的现值进行估值定价、内部结构简单且潜在收益和风险易于识别、标准化程度高且具有成熟二级交易市场的金融产品，具体包括不同存款、股票、债券、外汇、证券化的贵金属和共同基金等。金融衍生品以某个金融基础产品（货币、债券、股票）或金融变量（如利率和指数）为标的，对该基础产品的未来结果进行信用或杠杆交易，通常包括远期、期货、期权和互换四种类型。结构化产品是嵌入了金融衍生工具的证券类产品，内部通常包括多个基础产品标的，可以满足投资者分散投资和个性化风险暴露的要求，同时其独特的发行方式可以增强投融资双方的信用。

4. 财富管理服务主要有哪几种类型？

答：按照财富管理服务内容和满足客户需求功能的不同进行划分，财富管理服务可以主要分为资产配置服务、财富传承与保障服务、跨境金融服务、法律和税务咨询服务以及企业管理咨询服务等。

资产配置服务是指为满足客户对财富的保值和增值需求,为客户提供对其可投资资产进行投资交易咨询、投资组合咨询或全权委托等服务,服务内容包括资产配置方案的制订、执行和交易操作等。财富传承与保障服务是指为满足客户对财富的风险隔离和代际传承需求,为客户提供包括财产公证、生前赠与、遗嘱(遗产规划)、大额保单、家族信托、家族慈善基金会等服务。跨境金融服务是指为满足客户对财富的全球资产配置和对家庭成员人生规划需求,为客户家庭提供子女留学服务、境外投资服务、移民服务、离岸信托计划,为客户企业提供境外融资、结算、全球现金管理和投资银行服务等。法律和税务咨询服务是指为有效防范法律风险、保障客户家庭或企业的税收安全、节约税收成本,向客户提供多项涉及客户个人和家庭成员的人身权益、家庭的财产权益、家庭和企业的税收安排等方面的解释说明、咨询建议或出具解决方案等服务。企业管理咨询服务是指财富管理机构为提高客户黏性帮助客户解决企业经营管理问题所提供的专业服务,具体包括利用专业手段帮助客户发现经营管理方面的问题、分析并查明问题产生的原因、提出切实可行的改善方案并给予实施指导等。

5. 试论我国现有财富管理行业发展现状。

答:中国目前已经成为全球第二大财富管理市场,得益于理财业务十几年的发展基础,商业银行成为中国财富管理业务的主要从业机构;由于财富管理业务的高收益性、收入的稳定性和高协同性,为抢占财富管理市场,证券公司、保险公司和信托公司也竞相发展财富管理业务;同时,在"资金端"和"产品端"双向丰富的市场环境下,第三方财富管理机构也应运而生。

目前的行业特征主要表现在:规模顺势而起(迅速发展的黄金十年),客户自主性强(创富引领追求高收益),竞争格局未定(多元参与并各有所限),业务模式同质化(零售升级和产品驱动)。在过去理财服务刚性兑付、资金池、影子银行等问题积聚了巨大的潜在金融风险背景下,为防范系统金融风险,2017年以来监管部门相继出台系列监管措施,使得财富管理业务模式从原有产品驱动向客户需求驱动转型。初始创富一代到达退休年龄后守富需求突出,新创富者追求高收益和老创富者追求财富保全与传承的格局并存。

6. 浅析资管新规及资管新规实施细则的颁布对我国各财富管理机构开展业务的

影响。

答： 系列监管措施的出台，将推动机构、产品与服务的转型，对财富管理行业的发展产生深远的影响。自 2018 年资管新规出台，以及资管新规实施细则等多项配套细则相继出台，国内财富管理市场开始逐步走向规范发展。

目前我国金融监管的大方向是抑制没有价值发现功能的资金空转，回归本源，提高金融服务实体经济的效率。新的监管规则对于不同类型的资产管理机构影响程度和形式各有不同，部分资管机构未来的业务落脚点可能会发生变化，但是发展趋势是一致的，即回归各自擅长和专业的领域，做好主营业务，服务好实体经济。

在以专业资产配置能力和投资顾问能力为核心竞争力的财富管理行业进入规范发展阶段之后，由于专业人才的培养和服务体系的建立需要较长时间，机构之间的竞争将会出现强者愈强的局面。原来发展良好的商业银行私人银行业务将具有更大优势；长期来看，在去通道、去杠杆、压缩非标业务后，以资产管理业务为重要模块的证券系机构整体行业风险下降，其财富管理业务边界的拓展将凸显其原有资产管理业务的优势；而原来主要通过通道业务和非标业务创造利润的信托行业将受到监管政策的影响，面临信托行业报酬整体下滑的挑战，原有家族信托业务或将成为信托机构未来财富管理业务新的增长点。

案例讨论：某财富管理机构家族综合事务与财富管理业务模块表
题干略。

（1）请结合案例分析不同财富水平的客户家庭所需要的财富管理服务有何不同。

答： 财富管理服务内容包括资产配置服务、财富传承与保障服务、跨境金融服务、法律和税务咨询服务以及企业管理咨询服务五个方面。案例中将家族综合事务和财富管理业务模块进行整合后划分为财富管理（资产配置），税收与法律服务，银行、保险和物业，教育、健康和个人成长事务，安全管理，慈善服务和礼宾服务七个模块。模块一、模块二、模块三和模块六属于财富管理的服务范畴，模块四、模块五、模块七属于家族管家的服务范畴。

不同财富水平的客户家庭将需要不同的财富管理服务：有家族企业的超高净值家庭需要全方位的财富管理服务和家族管家服务；没有家族企业的超高净值家庭主要存在模块一、模块二、模块三、部分模块六的财富管理服务需求，除了"接班人培养"以外的大部分管家服务；高净值家庭则主要存在对财富管理服务的需求，管家服务涉及较少；大众财富家庭则主要存在对模块一中的资产配置和模块三中的银行、保险和物业等部分财富管理业务的需求，基本不涉及管家服务。

（2）请结合案例分析处于不同生命周期的客户家庭所需要的财富管理服务有何不同。

答：处于不同生命周期阶段的客户家庭对财富管理服务需求有所不同。根据社会学的四阶段分类法，将家庭的生命周期划分为家庭的形成期（结婚到新生儿诞生）、成长期（小孩出生到子女独立）、成熟期（子女独立到夫妻退休）、衰老期（夫妻退休到身故）。根据家庭财富管理需求的分类，基本财富管理分项需求有家庭现金储蓄与负债规划、房地产投资规划、子女教育规划、家庭保险规划、资产配置规划、退休与养老规划，特殊财富管理分项需求有财富传承与保障规划、税收筹划、法律咨询和企业管理咨询等。

一般在家庭的形成期，客户家庭对家庭现金储蓄和负债管理产生需求，主要体现在案例业务模块表中财富管理模块的 D 流动性规划部分和银行模块中的 ACDE 部分；在成长期，将产生子女教育规划、房地产投资规划和家庭保险规划等需求，主要体现在银行、保险和物业模块部分；在成熟期将产生退休与养老规划需求，主要体现在保险部分的 G 个人养老计划部分。在生命周期所有阶段都会有不同风险偏好的资产配置服务需求，主要体现在财富管理中的资产配置顾问服务部分。高净值家庭在家庭形成期还将产生财富保全需求和家庭衰老期的财富传承需求，主要体现在模块二的资产规划部分；有家族企业的高净值家庭在整个生命周期内还将产生税收筹划、企业管理咨询、法律咨询等其他特殊财富管理需求，主要体现在模块二中的税收咨询与纳税申报等部分。

（3）如果目前有一个普通的三口之家：户主张先生 48 岁，有自己的私营企业；妻子 45 岁，公务员；儿子 18 岁，面临高考。家庭拥有 2 套价值 500 万元的房产，其他实物资产价值 50 万元，金融资产 300 万元。请问该家庭可能面临哪些财富管理服务的需求。

答：该户主与妻子皆人到中年，将产生保险规划和退休与养老规划需求；孩子面临上大学，家庭需要提前进行子女教育规划；私营企业主可能产生以风险隔离为主的财富保全需求、法律咨询和企业管理咨询、税收筹划需求；家庭拥有金融资产 300 万元，将根据当前风险偏好特征产生相应的资产配置需求。

自测与拓展

题号	1	2	3	4	5	6	7	8	9	10
答案	ACD	ABD	ACD	ABCD	AD	ACD	BCDE	ACE	BCEF	ABCD

第 4 章

财富管理中的金融经济学基础

本章回顾

4.1 现代投资组合理论

1952 年美国学者哈里·马科维茨（Harry Markowitz）提出的均值-方差投资组合理论是现代投资组合理论的开端与基石。马科维茨将资产的风险定义为资产收益率的标准差。他明确指出，投资于多个不相关（或部分相关）的资产可以降低资产的标准差，进而起到分散风险的作用。投资者通过在资产收益和资产风险之间的权衡与选择，达到其对证券组合的最大满意程度。投资者对证券组合的效用函数具体形式为：$U(R) = E(R) - \frac{1}{2}A\sigma^2$，其中常数 A 通常为正，表明投资者是规避风险的，且 A 的大小衡量投资者厌恶风险的程度。

在两个风险资产构成的投资组合中，给定投资者所要求的期望收益 $E(R_P)$，投资者可以通过选择将财富投资于不同比例的资产（w_1 和 w_2），使得整个组合 P 的方差最小，实现效用最大化。在有效投资组合前沿（简称有效前沿）边界上，给定期望收益率，具有最小的投资组合标准差，或给定投资组合的标准差，具有最高的期望收益率。

加入无风险资产后，投资者可在一个给定的投资期限内构造新的投资组合

C，将财富在风险资产组合 P 与无风险资产 f 之间进行配置，随着在风险资产组合 P 上投资的占比 y 的变动，会产生不同的 $E(R_C)$ 和 σ_C，且 $E(R_C)$ 是 σ_C 的线性函数，具体可表示为无风险资产 f 与风险资产 P 的资本配置线 $E(R_C) = R_f + \dfrac{E(R_P) - R_f}{\sigma_P} \sigma_C$，其中斜率为夏普比率 $SR_C = [E(R_C) - R_f]/\sigma_C$，表示单位风险所能获得的溢价。在给定资本市场配置线的约束下，投资者通过选择风险资产的投资比例 y，最大化投资组合的效用 $\max\limits_{y} U(R_C) = \max\limits_{y}\left[E(R_C) - \dfrac{1}{2}A\sigma_C^2\right] = \max\limits_{y}\left[yE(R_P) + (1-y)R_f - \dfrac{1}{2}A(y\sigma_P)^2\right]$，得出最优解 $y^* = [E(R_P) - R_f]/A\sigma_P^2$，即最优的风险资产比率 y 与风险规避系数 A 和风险资产 P 的方差成反比，与风险资产 P 的风险溢价成正比。

4.2 风险定价理论

资本资产定价模型是杰克·特雷诺（Treynor，1962）、威廉·夏普（Sharpe，1964）和约翰·林特纳（Lintner，1965）为了简化马科维茨的投资组合理论在实践中的应用，在投资组合理论的基础上提出来的。该理论认为：在竞争性的市场上，单只证券的超额收益率与其承担的市场风险（贝塔值）之间存在简单的线性定价关系，即 $E(R_i) = R_f + \beta_i[E(R_M) - R_f]$，其中 $\beta_i = \text{Cov}(R_i, R_M)/\sigma_M^2$，反映单个证券对市场波动的敏感性，贝塔系数也被称为风险资产的系统风险敞口。当市场达到均衡时，投资者投资的资产只会落在由无风险资产 f 与市场组合 M 连接而成的证券市场线上，而当市场没有达到均衡时，则可能存在定价错误的风险资产，即资产并未落到证券市场线上。阿尔法指数（詹森指数）用来反映风险资产的定价偏误，即 $\alpha_i = R_i - [R_f + \beta_i(E(R_M) - R_f)]$，该指数也用来估计投资组合的超额收益率。另一个常用的绩效评估指标为特雷诺比率，$TR_P = [E(R_P) - R_f]/\beta_P$，表示单位市场风险所能获得的溢价。

斯蒂文·罗斯（Ross，1976）提出的套利定价理论并不关心哪些资产组合是有效组合，而是假设股票收益率由包括市场组合因子在内的多个宏观经济因子和噪声共同决定，即 $r_i = a_0 + a_1 \times \text{factor}_1 + a_2 \times \text{factor}_2 + a_3 \times \text{factor}_3 + \cdots\cdots + \varepsilon_i$。法玛&弗伦奇（1992）提出了"法玛-弗伦奇三因子模型"，将宏观因子具体化为市场组合风险、与规模相关的风险因素和与账面市值比相关的风险因素三个方面，具体可表示为如下公式：$R_i = R_f + \beta_{iM}(R_M - R_f) + \beta_{iSMB}\text{SMB} + \beta_{iHML}\text{HML} + \varepsilon_i$。

4.3 有效市场假说

尤金·法玛（Fama，1970）首次正式提出了"有效市场假说"。他认为，如果市场上存在着大量理性的、追求利益最大化的投资者，他们彼此之间相互参与竞争，那么股票价格会及时且充分地反映股票过去、现在和未来的所有信息。在这样的市场中，股票价格是公平的，投资者不能预测股票的收益率，没有人能一直获得超额回报。法玛根据股票价格揭示公司所有可能信息、公司所有公开信息、公司历史交易信息三个层次，将有效市场相对应分为强有效市场、半强有效市场和弱有效市场三个层次。在强有效市场成立条件下，根据投资组合理论，市场不存在套利机会，投资者只能获得无风险收益与市场风险溢价；在弱有效市场和半强有效市场条件下，根据风险定价理论，市场存在套利机会，投资者可通过技术分析和基本面分析，构造阿尔法系数为正的投资组合，获得风险调整后的超额收益。

4.4 财富管理中的行为金融学

行为金融学是金融学、心理学、行为学、社会学等学科相交叉的学科，力图揭示金融市场的非理性行为和决策规律。行为金融理论认为，金融产品市场价格并不只由其内在价值所决定，还在很大程度上受到投资者主体行为的影响，即投资者心理与行为对金融产品的价格决定及其变动具有重大影响。卡尼曼和特维尔斯基（Kahneman and Tversky，1979）所创立的前景理论，奠定了行为金融学的研究基础。该理论认为，投资者并不是像在传统经济金融理论中假设的那样完全理性，而是有限理性的，人们的选择往往受到个人偏好、社会规范与观念习惯的影响，因而未来的决策存在着不确定性。前景理论主要内容包括决策参考点、损失规避和处置效应。人们在决策时，通常要选择一定的参考点，不同参考点的选择会导致不同的评价；在取得收益时，人们往往是风险规避的，在遭受损失时，人们表现出风险爱好特征；投资者趋向于过长时间持有正在损失的股票，而过快地卖掉正在盈利的股票。

另外，人们在判断与决策中还存在认知偏差与心理偏差，具体为：非贝叶斯法则、心理账户、过度自信、从众心理、模糊规避、框架效应等。

行为金融理论为财富管理中的家庭金融资产配置的异质性和动态化提供了新的理

论依据，对减少心理偏差、认知偏差和行为偏差等导致的家庭财富管理目标设定偏差有着重要的实践意义。

关键概念与概念理解

关键概念	概念理解
均值-方差投资组合	在均值和方差之间进行权衡选择投资组合
两基金分离定理	投资者在无风险资产（基金）和风险资产组合（基金）间进行选择
资本资产定价模型	股票收益等于无风险收益加上该股票所承担市场风险的溢价
系统性风险	系统内所有产品都面临的整体风险，具有不可分散特征
套利	利用投资对象价格与价值的不一致进行交易以获得收益的策略
有效市场假说	市场能通过自身机制达到均衡，使得资产价格反映其真实价值
羊群效应	投资者之间存在模仿、追随和互相传染的心理和行为
多因子	影响资产收益的宏观经济因子存在多个
决策参考点	投资者在进行决策时会选择一定的参考标准，以对结果予以评价
心理账户	投资者在决策时会从心理上将一项决策分为几个部分单独决策
损失规避	投资者对损失的敏感度要高于对收益的敏感度

思考习题

1. 在均值-方差投资组合模型中风险被定义为回报率的标准差，有没有其他定义风险的方法？
2. 如果只有两个风险资产，如何通过数学推导找出全局最小风险组合？
3. 如果市场符合资本资产定价模型，如何估计每个风险资产的 β 系数？
4. 如果市场满足两因子模型，要进行均值-方差分析，需要多少个参数？基于这些参数，如何通过计算得到任意两个风险资产的协方差？
5. 如果构建一个多因子模型来刻画中国的 A 股市场，你会加入怎样的风险因子？
6. 如何利用行为金融学知识解释家庭投资组合过程中的行为异象？
7. 如何避免财富管理中的非理性行为？

计算题

牛先生将其资金的60%投资于股票1,剩下40%的资金投资于股票2。他预期股票1的期望收益率为15%,标准差为20%,股票2的期望收益率为20%,标准差为22%,且股票1与股票2收益率的相关系数为0.6。

(1) 牛先生投资者组合的期望收益率和标准差分别是多少?

(2) 如果相关系数是0或者-0.6,那么牛先生投资组合的期望收益率和标准差又分别是多少?

(3) 牛先生的资产组合比单独投资股票1更好还是更差?

案例讨论:投资怎样适应经济与市场环境变化[①]

1. 案例背景与说明

美国著名投资银行美林证券(Merrill Lynch)于2004年发表了一份名为 *The Investment Clock* 的研究报告,通过美国1973~2004年30年历史的经济发展,印证在经济周期的不同阶段存在不同的最优大类资产配置。美林投资时钟用经济增长率(用GDP来体现)和通货膨胀率(用CPI来体现)这两个宏观指标的高和低,将经济周期分成了衰退期(低GDP+低CPI)、复苏期(高GDP+低CPI)、过热期(高GDP+高CPI)、滞胀期(低GDP+高CPI)四个阶段。经济周期的这四个阶段在历史中循环出现,如同一个时钟。报告中分别总结了这四个阶段的最优大类资产策略。

(1) 衰退期:由于产能过剩,需求不足,经济增长乏力,企业盈利较差,大宗商品价格低迷,股票和大宗商品的投资价值低。此时央行通常通过降低利率以刺激经济,导致债券价格上涨。

(2) 复苏期:当经济开始复苏,企业盈利改善,股票最具投资价值。经济虽然增速开始提升,但产能的利用率还没有见顶,大宗商品的需求完全可以被满足,因此通货膨胀低,大宗商品的投资价值低。债券由于低利率环境仍然具有一定的价值,但潜

[①] 该案例取材自美林证券2004年的研究报告 *The Investment Clock* 以及桥水基金2014年的策略报告 *The All Weather Story*。

力已不如股票，是次优选择。

（3）过热期：当经济过热时，信贷过度扩张，供应不足，需求旺盛，通货膨胀率上行，大宗商品最具有投资价值，股票次之。此时央行通常通过提升利率来给经济降温，导致债券价格下跌。

（4）滞胀期：当经济下行的同时通胀却上行，企业盈利较差，股票表现乏力，大宗商品的需求也在下降；通货膨胀上行情况下，利率不大可能降低，导致债券没有投资价值。因此现金为王，货币基金是最优选择。

美林时钟在实际应用中面临着几个问题：第一个问题是对经济周期的预测非常困难。第二个问题是美林时钟所描述的经济阶段与相应的最优配置不存在必然关系，可能会随着经济出现新形势而产生变化。经济和市场环境的变幻莫测间接促成了当今全球最大的对冲基金公司桥水基金的成立，桥水基金的创始人达里奥与其研究团队自创始之初就着手解决一个核心问题：什么样的投资组合可以在所有环境和所有意外冲击下都能表现良好？这个问题的解决方案，就是后来闻名于世的桥水全天候投资策略。桥水全天候投资策略的思路主要基于如下思想：任何风险资产的回报都可以分拆成若干组成部分，通过分析各个组成部分的驱动因素，就能更准确地理解风险资产的风险并进行对冲。基于这个思想，桥水基金团队在 1996 年推出全天候投资策略。这个策略着眼于影响风险资产回报的两个主要因素：经济增长率与通货膨胀率。达里奥认为大部分经济和市场环境的意外都通过这两个因素对投资市场产生影响。根据这两个因素的高低可以分为四种情形：增长、衰退、通胀、通缩（与美林时钟的阶段分类不一样）。在这四种情形下有不同的最优投资配置，全天候策略的配方是在这四种子配置间分配资金，使得每种子配置对总体资产组合的波动性贡献一样，从而有效对冲风险，无论经济处在任何阶段，总体投资组合的波动都不会太高。全天候策略的最终配置如表 4-1 所示：

表 4-1　全天候投资策略

	经济增长率	通货膨胀率
上升	25%的风险 股票，商品，公司债券，新兴市场债券	25%的风险 通胀挂钩债券，商品，新兴市场债券
下降	25%的风险 国债，通胀挂钩债券	25%的风险 股票，国债

在一个投资组合中，如果个体资产对总体组合的波动性贡献一样，那么称这个投

资组合是符合风险平价（risk parity）的。在上表所刻画的全天候投资策略中有四种子配置，每种子配置对总体组合的波动性贡献度都是25%，所以全天候投资策略是近似符合风险平价的。风险平价是一种根据风险进行资产配置的投资框架，也称作配置风险，由桥水基金提出并发扬光大。但是桥水全天候投资策略中的风险平价是以风险对冲为出发点的。

桥水基金在全天候投资策略报告的总结部分指出，投资者的过分自信经常会导致他们应用一些他们没有真正深刻理解的知识，进而导致问题复杂化、过度设计和过度优化。桥水基金则不一样，采取一种简单直接的投资理念：承认不知道将来会发生什么，所以选择对冲风险、长期平稳的投资方式。全天候投资策略在实际表现中取得了巨大的成功，让桥水基金成长为全球最大的对冲基金。

全天候投资策略可以用多因子模型的语言进行更为精准的解读。假设对于任何风险资产 i 都有以下三因子模型的关系：

$$R_i = E(R_i) + \beta_{iM}(R_M - E(R_M)) + \beta_{iGDP}(GDP - E(GDP)) + \beta_{iCPI}(CPI - E(CPI)) + \varepsilon_i$$

其中，三个因子分别为市场投资组合的意外收益、经济增长率的意外变化以及通货膨胀率的意外变化。不同的风险资产对不同的因子的 β 系数不一样。由于一个投资组合的 β 系数是其个体风险资产的 β 系数的线性加总，通过不同风险资产的组合，可以构造一个对市场因子的 β 系数为 1（或者其他正数），对 GDP 和 CPI 因子的 β 系数为 0 的投资组合。这个投资组合的回报不受 GDP 和 CPI 的意外变动影响，因此是 GDP 和 CPI 风险中性的。由于对市场因子的 β 系数为 1（或者其他正数），这种投资组合也承担市场风险，因此可以获得比无风险利率更高的收益率。但是其对冲了 GDP 和 CPI 风险，所以比一般的市场指数的收益更加稳定，从而长远的增长率也更加高（参考本章㊀引导案例）。这就是全天候投资策略背后的模型原理。

我们理解了多因子模型的内核后，就可以进行升级和拓展。除了 GDP 和 CPI 风险，我们可以考虑其他的风险来源，并对多因子模型的因子进行扩充（例如使用拓展阅读 4-3 中提到的 Barra 多因子模型，也可以包括基于行为金融定义的风险因子），然后进一步对冲风险，降低投资组合的波动率。除了对冲风险，如果我们有足够的资源，还可以挖掘市场上被错误定价的风险资产，构建以高 α 为目标的投资组合，因为这个投资组合通过多因子模型对冲各种风险源，甚至包括市场指数的风险，所以和贝塔策

㊀ 本书提及的本章专栏、案例、例题等内容请参考《财富管理理论与实践》主教材。

略可以进行清晰的分离，这就是桥水基金阿尔法/贝塔策略分离的思想。最后投资者可以根据自身的风险偏好在具有清晰界限的阿尔法策略和贝塔策略之间进行配置。

2. 案例思考

（1）该案例在哪些地方应用了经典投资学理论？

（2）有人认为应该先进行大类资产配置（大类资产包括股票、债券、大宗商品、外汇等），再在各大类内进行细致的优化，你怎样看待这种投资理念？案例中的美林时钟和桥水全天候策略都是在大类资产层面进行分析，但是案例点评中用多因子模型对所有风险资产进行分析，你认为这两种分析框架哪种更好？

（3）为什么说全天候投资策略可以在一定程度上克服投资者的行为偏差？

（4）通过购买被动投资基金能够缓解投资者的哪些行为偏差？从行为金融的角度分析，作为投资者，你会自己进行主动投资，还是购买基金产品？如果购买基金产品，你会购买被动投资基金吗？

自测与拓展

1. 关于投资者效用函数和无差异曲线，以下说法正确的是（　　）。

    A. 同一条无差异曲线上任何一点的收益和风险组合对于投资者而言其效用都相同

    B. 投资者的效用无差异曲线是右下倾斜的

    C. 效用函数是关于收益与标准差的凸向横轴（标准差）的函数，即投资者每额外承担一单位的风险所需要的资产收益率增加

    D. 位置更靠右的无差异曲线具有更高的投资者效用水平

2. 投资组合的有限前沿具体是指（　　）。

    A. 全局最小方差的投资组合

    B. 效用无差异的所有投资组合

    C. 给定期望收益率时具有最小标准差或给定标准差时具有最高期望收益率的所有投资组合

    D. 效用最大化的有效投资组合

3. 加入无风险资产后，关于最优风险资产投资占比的说法正确的有（　　）。

A. 与投资者风险规避系数成正比

B. 与风险资产组合的方差成反比

C. 与风险资产组合的超额收益成正比

D. 与夏普比率成正比

4. 引入无风险资产后，关于资产配置，以下说法正确的是（   ）。

    A. 组合期望收益率是组合标准差的线性函数，即在均值-标准差平面内的资本配置线（CAL）

    B. 将不同的风险资产组合与无风险资产进行配置，产生不同的资本配置线

    C. 通过有效前沿上的风险资产切点组合的资本配置线被称为资本市场线（CML）

    D. 风险资产配置的最优组合是无差异曲线与资本市场线相切的点

5. 关于风险投资策略，以下说法正确的是（   ）。

    A. 贝塔表示风险资产的系统风险敞口，是风险资产对市场组合波动的敏感程度

    B. 均衡条件下，所有投资者投资的资产只会落到由无风险资产和市场组合联结而成的证券市场线（SML）上

    C. 具有正的阿尔法的股票组合是价值被高估的股票组合

    D. 阿尔法投资是一种主动型的投资方式，目的是挖掘与市场整体相关性低的超额收益

6. 法玛-弗伦奇三因子模型中，影响股票预期收益率的因素有（   ）。

    A. 公司经营业绩   B. 公司账面市值比

    C. 市场风险因素   D. 公司规模相关因素

7. 用于投资组合绩效评估的指标有（   ）。

    A. 特雷诺比率   B. 夏普比率

    C. 詹森指数   D. 贝塔系数

8. 关于金融市场的有效性，以下说法不正确的有（   ）。

    A. 弱有效市场假说认为股票价格已经反映了公司所有公开信息

    B. 在半强有效市场上，基本面分析失效，但投资者可以通过获得内幕消息进行套利

    C. 在强有效市场上，投资者无法通过任何手段获得经风险调整后的超额收益

D. 在任何有效市场假设前提下，投资者总能通过技术分析、基本面分析或内幕消息进行套利

9. 以下关于行为金融的观点，阐述正确的是（　　）。

   A. 由于人们在不同的情况下选择不同的决策参考点，因此预期具有更大的不确定性
   B. 在决策参考点上，人们更重视结果本身而不是预期与结果的差距
   C. 处置效应是指投资者倾向于过长时间拥有正在盈利的股票，而更短时间拥有正在损失的股票
   D. 人们在亏损情况下是风险厌恶者，而在收益情况下是风险爱好者
   E. 在面临不确定性时，人们容易把小样本的概率分布当作总体的概率分布，夸大小样本的代表性
   F. 通常具有更多信息积累或者更高专业水平的投资者倾向于过度自信

10. 将行为金融学应用于家庭财富管理时具有的优势有（　　）。

    A. 放开了标准风险偏好假设，认为人们的风险态度变化且与其财富水平相关
    B. 放开了时间偏好一致性假设，认为不同生命周期阶段中家庭在资产配置时具有时间不一致性和非连续性
    C. 放开了理性经济人假设，认为个人和家庭在决策中具有有限理性的特点
    D. 家庭的最优投资决策不是所有资产的收益最大化，而是分不同心理账户进行资产配置

参考答案

思考习题

1. 在均值-方差投资组合模型中风险被定义为回报率的标准差。有没有其他定义风险的方法？

答： 风险度量方法归纳起来分为两类：一类是源于均值-方差模型中对收益率稳定性的考虑，其中包括方差、标准差、β 值、绝对偏差等；另一类是仅考虑收益率下方部分的偏离程度，包括下偏距（LPM）、VAR、半方差等主要的风险度量方法。下偏距考虑了收益分布的后尾特性以及投资者不同的风险偏好，能够让投资者依据自身

的风险偏好进行资产组合决策。VAR 是指在一定的持有期和给定的置信水平下，某一金融资产在未来特定时间段的最大可能损失。半方差风险度量以资产收益率的内部均值作为标准线，将均值以上的收益率部分记为超额收益，将均值以下的收益率部分记为损失。

2. 如果只有两个风险资产，如何通过数学推导找出全局最小风险组合？

答：将两个风险资产的收益与风险用期望和方差来衡量，通过设定在两个风险资产的不同权重，分别计算投资组合收益率的数学期望和方差，然后将优化目标设定为方差最小化，通过一阶最优条件推导最优组合。

$$\min_{X_a} \{s_P^2 = X_a^2 s_a^2 + (1-X_a)^2 s_b^2 + 2X_a(1-X_a) r_{ab} s_a s_b\}$$

$$\frac{\partial \sigma_P^2}{\partial X_a} = 0$$

$$X_a = \frac{\sigma_b^2 - \text{Cov}(R_a, R_b)}{\sigma_a^2 + \sigma_b^2 - 2\text{Cov}(R_a, R_b)}$$

$$X_b = \frac{\sigma_a^2 - \text{Cov}(R_a, R_b)}{\sigma_a^2 + \sigma_b^2 - 2\text{Cov}(R_a, R_b)}$$

3. 如果市场符合资本资产定价模型，如何估计每个风险资产的 β 系数？

答：构建同一样本区间的每个风险资产的超额回报率时间序列和可以代替市场组合的指数的超额回报率时间序列，用 $R_{it} - R_f = \alpha_i + \beta_i (R_{mt} - R_f) + \varepsilon_{it}$ 来估计每个资产的 β 系数 β_i。

4. 如果市场满足两因子模型，要进行均值-方差分析，需要多少个参数？基于这些参数，如何通过计算得到任意两个风险资产的协方差？

答：因子的协方差矩阵 $E2 \times 2$（参数个数为 3）；风险资产的因子系数矩阵 $Bn \times 2$（参数个数为 $2n$）；风险资产的剩余部分的协方差矩阵 $Fn \times n$（对角阵，参数个数为 n）。故总共需要 $3n+3$ 个参数。这是因为，如果市场满足两因子模型，说明任何一个资产的收益率可以表示为如下形式：

$$\tilde{r}_i = b_{i1} \times \tilde{f}_1 + b_{i2} \times \tilde{f}_2 + \tilde{\varepsilon}_i$$

其中：i 表示资产（假设市场上有 N 种资产），f 表示因子（下标表示两种不同的因子，现实中可以认为是市场组合、规模因子等构造的因子组合或利率、GDP 增长率等宏观经济变量），b 表示因子载荷（或者说是个股收益率相对于因子的敏感性），ε 为残差项。

且多因子模型意味着任意两个资产 i, j 残差不相关,也即对所有 $i \neq j$, $\text{cov}(\varepsilon_i, \varepsilon_j) = 0$,同时残差与因子不相关,即对所有 i, $\text{cov}(\varepsilon_i, f_1) = 0$, $\text{cov}(\varepsilon_i, f_2) = 0$。

任意两个资产 i, j 收益率的协方差可以表示如下

$$\text{cov}(\tilde{r}_i, \tilde{r}_j) = \text{cov}(b_{i1} \times \tilde{f}_1 + b_{i2} \times \tilde{f}_2 + \tilde{\varepsilon}_i,\ b_{j1} \times \tilde{f}_1 + b_{j2} \times \tilde{f}_2 + \tilde{\varepsilon}_j)$$

$$= b_{i1}b_{j1}\text{cov}(\tilde{f}_1, \tilde{f}_1) + (b_{i1}b_{j2} + b_{i2}b_{j1})\text{cov}(\tilde{f}_1, \tilde{f}_2) + b_{i2}b_{j2}\text{cov}(\tilde{f}_2, \tilde{f}_2) + \text{cov}(\tilde{\varepsilon}_i, \tilde{\varepsilon}_j)$$

现在知道的信息是有 N 个资产,两个因子。要计算出等式左边的协方差矩阵,就要知道三方面的信息:第一,参数 b(也就是因子载荷)信息。总共有 N 个资产,每个资产有两个因子载荷系数,所以共有 $2N$ 个 b。第二,因子的协方差信息,此处两个因子,共 3 个协方差。第三,残差协方差信息,即知道 $\text{cov}(\tilde{\varepsilon}_i, \tilde{\varepsilon}_j)$。由于任意两个资产 i, j 残差不相关 $\text{cov}(\varepsilon_i, \varepsilon_j) = 0$,那么 $\text{cov}(\tilde{\varepsilon}_i, \tilde{\varepsilon}_j)$ 矩阵就是一个对角阵($i = j$),需要知道对角阵上共 N 个参数。

综上所述,要进行均值方差分析,需要 $2N + 3 + N = 3N + 3$ 个参数。

N 个风险资产的协方差矩阵可通过公式计算:$BEB^T + F$。

5. 如果要构建一个多因子模型来刻画中国的 A 股市场,你会加入怎样的风险因子?

答:可加入的风险因子可以有很多,比如可选择加入估值因子和成长因子。加入估值因子可以判断股票价值是被高估还是低估,这会指导投资者买进低估值的股票而卖出高估值的股票,进而获得利润。股票的估值因子主要有市盈率、市净率、市销率、企业价值倍数。一般而言,PE 越低,股价相对于公司的盈利越便宜,也就是公司的价值被低估;PS 越低,股价相对于销售额越便宜,这说明公司股票的投资价值越大;企业价值倍数是一个比市盈率更完善的指标,它可以用于不同资本结构之间公司的比较,该指标越小,上市公司越具有投资价值。加入成长因子可以反映公司的持续增长能力以及发展前景。当上市公司具有良好的成长能力,其经营业绩就会有一个良好的预期,那么公司的股价就会不断升高,进而使股东的收益提高。衡量上市公司成长能力的指标主要有营业收入增长率、净利润增长率、总资产增长率、净资产增长率、经营现金流量增长率。这些指标的数值越大,说明公司的成长能力越强。

6. 如何利用行为金融学知识解释家庭投资组合过程中的行为异象?

答:家庭投资组合过程中的行为异象有很多,比如家庭投资组合中长期持有亏损的资产可以由行为金融学中的处置效应和损失规避来解释。处置效应是资本市场中一

种普遍存在的投资者非理性行为，具体表现为投资者趋于过长时间地持有正在损失的股票，而过快地卖掉正在盈利的股票，这是因为人们具有对确定性损失的规避心理，即人的风险偏好特征并不固定，在损失状态下通常表现为风险爱好特征（偏好不确定的损失），而在盈利状态下通常表现为风险厌恶特征（偏好确定的盈利）。

另外，行为金融学认为投资者非理性表现可能是认知偏差与心理偏差所导致的行为偏差。比如人们通常把不同来源的资金划分到不同心理账户，一部分是低风险、低收益的账户，另一部分是高风险、高收益的账户，通过辛勤劳作所获取的报酬是维持日常生活的基本保障，投资者在该账户中是风险厌恶者，而意外之财获取的成本较小，投资者在该账户中是风险偏好者。但就投资资金属性而言，实际上是没有区别的。造成这种市场异象的主要原因是投资者受到个人认知局限性的影响，对来源不同的资金会产生不同的心理认知，从而划分到不同的心理账户进行投资。

7. 如何避免财富管理中的非理性行为？

答： 从财富管理流程来看，财富管理涉及获得客户并建立客户关系、收集客户信息、对客户财务状况进行分析与评估、制订财富管理方案、执行方案并跟踪反馈和再平衡等多个环节，每个环节中都可能存在非理性行为。如收集客户信息时可能存在收集、筛选和处理偏差；在财务状况分析与评估、方案制订与后期评估环节可能存在决策偏差和决策评估偏差；所有环节中都可能因为客户和财富管理服务者的认知偏差与心理偏差导致最终的各类行为偏差。

理性行为的基本特征是偏好必须具有连续、完全和传递特征。要避免财富管理中的非理性行为（行为偏差），需要避免心理偏差，对不同来源的资金进行统一规划；需要避免认知偏差，警惕小样本概率对决策的影响；在同一时间点上保持偏好的一致性；避免过度自信和从众心理，懂得识别和利用框架效应等。具体投资时采取分散化投资策略、再平衡策略。根据市场环境和客户需求的变化对财富管理方案进行动态调整来避免非理性行为。

计算题

题干略。

（1）解：投资组合的预期收益率 $E(R_P) = w_1 E(R_1) + w_2 E(R_2) = 60\% \times 15\% + 40\% \times 20\% = 17\%$

投资组合的方差 $\sigma_P^2 = D(w_1\sigma_1 + w_2\sigma_2) = w_1^2\sigma_1^2 + w_2^2\sigma_2^2 + 2\rho_{12}w_1w_2\sigma_1\sigma_2$

标准差 $= \sqrt{60\%^2 \times 20\%^2 + 40\%^2 \times 22\%^2 + 2 \times 60\% \times 40\% \times 0.6 \times 20\% \times 22\%}$
$= 18.66\%$

答：牛先生的投资组合期望收益率为 17%，标准差为 18.66%。

（2）**解**：投资组合的预期收益率与相关系数无关，故相关系数变化后，投资组合的预期收益率保持不变，仍为 17%。

当相关系数为 0，投资组合的标准差 $= \sqrt{60\%^2 \times 20\%^2 + 40\%^2 \times 22\%^2} = 14.88\%$

当相关系数为 -0.6，投资组合的标准差 $= \sqrt{60\%^2 \times 20\%^2 + 40\%^2 \times 22\%^2 + 2 \times 60\% \times 40\% \times (-0.6) \times 20\% \times 22\%}$
$= 9.7\%$

答：牛先生投资组合的期望收益率为 17%。当相关系数为 0 时，标准差为 14.88%。当相关系数为 -0.6 时，标准差为 9.7%。

（3）**答**：牛先生投资资产组合比单独投资股票 1 更好，因为投资组合可以更好地分散风险。

案例讨论：投资怎样适应经济与市场环境变化

题干略。

（1）该案例在哪些地方应用了经典的投资学理论？

答：全天候投资策略应用了多因子模型，任何风险资产的回报都可以分拆成若干组成部分，通过分析各个组成部分的驱动因素，就能更准确地理解风险资产的风险并进行对冲。通过构造一个对市场因子的 β 系数为 1（或者其他正数），对 GDP 和 CPI 因子的 β 系数为 0 的投资组合，使得该投资组合的回报不受 GDP 和 CPI 的意外变动的影响。投资学理论中提到，当证券可以用于对冲这些因子时，对冲需求就会使 SML 变为多因子，其中每个可以对冲的风险来源都会增加一个因子。风险因子不是被这些对冲组合的收益所描述，就是更直接地被风险因子自身的变化所描述。

（2）有人认为应该先进行大类资产配置（大类资产包括股票、债券、大宗商品、外汇等），再在各大类内进行细致的优化，你怎样看待这种投资理念？案例中的美林时钟和桥水全天候策略都是在大类资产层面进行分析，但是案例点评中用多因子模型对所有风险资产进行分析，你认为这两种分析框架哪种更好？

答：相比于单个具体的风险资产，大类资产的回报不确定性较低，对大类资产的分析相对更加准确。如果没有复杂的建模和计算能力，建议一般投资者先进行大类资产的分析和配置，再进行大类资产内的分配。

案例中两种框架其实在实践中是等价的。在大类资产层面的分析更加直观，可以作为投资框架的设计出发点，但是具体的交易实现需要落实到多因子模型中进行细致分析。

（3）为什么说全天候投资策略可以在一定程度上克服投资者的行为偏差？

答：全天候投资策略的原理是构造了一个对市场因子的 β 系数为 1（或者其他正数），对 GDP 和 CPI 因子的 β 系数为 0 的投资组合。这个投资组合的回报不受 GDP 和 CPI 的意外变动的影响，这种投资组合也承担市场风险，因此可以获得比无风险利率更高的收益率。但是该组合对冲了 GDP 和 CPI 风险，所以比一般市场指数的收益更加稳定。投资者在投资中经常出现短视行为，风险资产短期暴跌会引发恐慌抛出。由于这个策略波动较小，回撤水平很低，所以投资者不会因为有限的损失和投资组合波动性低而陷入困境。他们没有机会因惊慌失措而做出对长期业绩产生负面影响的短期决定。

（4）通过购买被动投资基金能够缓解投资者的哪些行为偏差？从行为金融的角度分析，作为投资者，你会自己进行主动投资，还是购买基金产品？如果购买基金产品，你会购买被动投资基金吗？

答：通过购买被动投资基金能够缓解投资者的过度自信、本土偏差等行为偏差。认识到投资者可能的行为偏差，我会选择购买基金产品。如果我相信某主动投资基金具备复杂的建模和计算能力，能够挖掘市场上被错误定价的资产，我将购买该基金；如果我相信市场目前处在均衡有效状态或者我对主动投资基金的投资能力存在怀疑时，我将购买被动投资基金，减少行为偏差带来的风险，降低投资成本。

自测与拓展

题号	1	2	3	4	5	6	7	8	9	10
答案	AC	C	BCD	ABC	ABD	BCD	ABC	AD	AEF	ABCD

财富管理中的生命周期消费储蓄理论

本章回顾

5.1 生命周期消费储蓄行为导论

个人生命周期根据三阶段分类法可分为未工作阶段（成长与受教育阶段）、工作阶段与退休阶段。处于不同生命周期的个人其经济行为特征包括人力资本状况、财富积累水平、消费收入模式、生活负担、风险承担能力甚至风险偏好程度等，均可能存在显著差异，财富管理规划需要根据客户的生命周期特征设计或调适。在进行多个分项财富管理规划设计之前，首先要了解个人和家庭作为消费者主要面临的消费与储蓄两大决策，之后再进一步分析储蓄的多元用途。具体而言，消费是指人们为了满足个人或家庭生活需要而消耗产品与享用服务的过程；储蓄则是指货币收入中未被消费的部分，从本质上来讲，储蓄决策也是消费决策行为，只不过是为未来消费进行决策。与财富管理规划最为紧密的储蓄动机有生命周期动机、预防性动机（或者谨慎性动机）、跨期替代动机（或者投资动机）、目标储蓄动机和遗产馈赠动机。

最优储蓄决策涉及多期（或跨期）的消费者决策行为，需要运用跨期效用函数以及考虑货币时间价值的预算约束函数。不确定条件下的消费者决策行为需要考虑期望效用函数的形式以及风险规避系数（或风险偏好程度）、确定性等价、风险溢价（或风险升水）等问题。

5.2 确定性条件下的消费储蓄理论

确定性条件下的消费储蓄理论包含两个部分：一是以绝对收入假说和相对收入假说为代表的未考虑跨期替代的消费储蓄理论；二是以持久收入假说和生命周期假说为代表的考虑预期收入和跨期替代的消费储蓄理论。绝对收入假说认为消费者的消费与其收入呈正相关，且边际消费倾向小于1，这里的绝对收入是指当前收入的绝对水平。之后库兹涅茨利用对历史数据的分析得出，在某一时点上或者短期内，边际消费倾向小于平均消费倾向，而长期内二者趋于相等，短期消费函数和长期消费函数表现出来的差异被称为消费函数之谜。

为了解释消费函数之谜，研究进一步深入。相对收入假设认为，消费者的消费不仅受自身当前收入水平的影响，还与周围人的收入水平以及自身过去的收入水平有关，即存在消费的示范效应和棘轮效应。持久收入假说中将收入与消费分为持久性和暂时性两种，认为消费者会根据暂时性收入的冲击与预期的持久收入进行当期消费决策。生命周期假说认为，个人将利用其可获得的资源在整个生命周期内进行最优配置，以实现其一生的效用最大化。

5.3 不确定性条件下的消费储蓄理论

不确定性条件下动态效用最大化原则为 $E[MU(C_{t+1})] = MU(C_t)$。在理性预期假设下，跨期效用最大化的均衡条件为 $E(C_{t+1}) = C_t$，然后得出著名的随机游走假说 $C_{t+1} = C_t + \varepsilon$，也就是说 $t+1$ 时期的消费等于 t 时期的消费加上一个随机扰动项，认为 t 期消费已经是利用所有可得信息做出的最优决策，未来消费的变化只与未来的"新信息"有关，因此不可预期。之后经济学家针对随机游走假说展开了大量经验研究，逐步形成了基于未来收入和寿命的不确定性的预防性储蓄理论、基于金融市场流动性约束的流动性约束假说、基于不耐动机与谨慎动机的缓冲存货储蓄理论等。

5.4 现代家庭经济学与考虑生育和遗产馈赠的家庭储蓄需求理论

贝克尔提出的基于家庭生产的新消费者行为理论从生育决策、人力资本投资决策和遗产馈赠决策角度拓展了家庭储蓄需求理论。该理论认为：①"消费者"不单单是"消费者"，更是"生产者"，传统约束方程中的货币收入不再外生给定，而是由配置于"市场部门"的时间和人力资本内生决定。②家庭本身是个生产组织，通过从市场上购买商品和服务，然后结合用于"家庭部门"的时间生产其他家庭必须投入的各类"消费品"，这些"消费品"不能从市场上买到，包括孩子、声望、尊严、健康、利他主义、羡慕和感官享受等。③家庭生产受到家庭能力、人力资本、社会和自然状态及其他变量的影响，同时人力资本投资是家庭最重要的一项投资。基于上述原理，在家庭生命周期的储蓄与财富管理中不但要考虑孩子的生育数量，更需要考虑对孩子的人力资本投资（质量）以及非人力资本投资和遗产馈赠对效用最大化目标的影响。

关键概念与概念理解

关键概念	概念理解
消费	个人或家庭为生活需要而消耗产品与享用服务的行为
储蓄	取得收入进行当期消费后的剩余
绝对收入假说	当期消费受当期收入的绝对水平的影响
相对收入假说	当期消费与他人的收入和自己过去的收入有关
生命周期假说	在全生命周期内对可获得资源进行配置实现一生效用最大化
持久收入假说	当前消费受暂时性收入冲击和持久收入两方面的影响
随机游走假说	在理性预期条件下未来消费的变化只与"新消息"有关
预防性储蓄理论	未来收入和寿命的不确定使人们产生谨慎性动机和预防性储蓄
流动性约束假说	当期与预期流动性约束都将减少本期消费，增加预防性储蓄
缓冲存货储蓄模型	不耐动机增加当期消费，谨慎动机减少当期消费
现代家庭经济学	家庭内的利他主义需要考虑代际动态效用函数

思考习题

1. 简述消费者效用最大化的定义、演变与主要分类。
2. 居民储蓄动机主要有哪些？其中哪些与财富管理规划紧密相关？
3. 简述绝对收入假说的主要结论以及消费函数之谜。
4. 简述相对收入假说如何解释消费函数之谜及其与财富管理相关的主要结论。
5. 简述持久收入假说如何解释消费函数之谜及其与财富管理相关的主要结论。
6. 简述生命周期假说的核心思想及其与财富管理相关的主要结论。
7. 简述预防性储蓄理论、流动性约束假说、缓冲存货储蓄理论及其与财富管理相关的主要结论。
8. 跨代动态效用最大化的主要出发点是什么？现代家庭经济学中影响生育行为的因素主要有哪些？
9. 考虑生育行为、人力资本投资与遗产馈赠行为的家庭储蓄需求模型对财富管理有何启示意义？

计算题

假定消费者的生命周期消费过程可以分为两个时期——青年时期和老年时期，青年时期收入为 200，老年时期为 100；并且消费者更偏向当下消费，以至于消费者的效用函数为：$u(c_1, c_2) = c_1^{0.6} c_2^{0.4}$，并假定利率为 r：

（1）求消费者两时期的最优消费量。

（2）当青年时期消费有剩余，并且剩余为 30 时，求利率 r 和第二期消费量。

（3）当利率 r 上升时，消费者会如何调整他的消费路径？

案例讨论：中国家庭总负债结构与消费金融助力消费升级

1. 案例背景与说明

甘犁等（2019）认为，西南财经大学家庭金融调查数据表明：中国家庭总负债中占比最大的是住房负债，住房负债包括商铺、房屋负债，合计占比为 63.2%；其次是经营负债，占 22.2%。两项合计占到 85.4%。由此可以看出，我国家庭债务类型主要为住房负债和农业、工商业生产经营性负债。无论是城市家庭还是农村家庭，汽车负债、教育负债、信用卡负债等其他负债在全国家庭中的占比均较低。

2018 年 12 月 11 日《经济日报》报道：自 2015 年以来，消费对我国经济增长的贡献率已经连续三年保持在 50% 左右，2018 年上半年，最终消费支出对 GDP 增长的贡献甚至达到 78%，同比上升 14%。在如此高的消费需求下，消费金融得到了更好的发展。所谓消费金融，是指一种为满足居民对最终产品和服务消费需求而提供贷款的现代金融服务方式。比如，信用卡这种最为人们熟知的消费形式就是其中一种。央行的信贷数据显示，自 2015 年以来，消费贷款已经成为居民贷款增加的主要原因之一，已由 2015 年 1 月份的 15.7 亿元增长到 2018 年 5 月份的 33.9 亿元。消费金融正在快速发展，并蕴涵着巨大的经济价值。

一方面，既然消费金融是为了满足消费需求而产生的金融服务方式，那么它自然对消费有着强力的拉升作用，能够有效刺激消费需求。另一方面，消费金融发展有助于推动我国消费升级。实际上，我国当前的趋势与 20 世纪 80 年代经历消费升级的日本极其相似，只不过目前我国还暂时处于消费升级的初期。想要完成消费升级，绝对不能忽视消费金融所起的重要作用。

近些年，互联网消费金融的兴起，极大地推动了我国居民消费升级。首先，相比申请门槛高、手续复杂、放贷慢的银行贷款，以蚂蚁花呗为代表的互联网消费金融为消费者提供了更加便捷高效的渠道；其次，消费金融的出现，令"超前消费"变为现实，即便当期收入不能覆盖所购买的商品，也能通过预支形式获得商品，提高生活品质。当然，互联网消费金融的好处不仅是消费者在享受，商家也是受益者，无论线上还是线下场景，不少商家已经把花呗当成了付款方式之一，这为其提升销量、提高销售额起到了关键作用。

当然，我国消费金融还存在不少乱象，有不少不规范的企业和无场景的消费贷，监管者也应及时精准识别其中的风险，严厉监管，去伪存真，让消费金融服务更加健康发展，促进实体经济转型提升，更好地满足人民日益增长的美好生活需要。

2. 案例问题

（1）用本章所学习的生命周期消费储蓄理论分析中国居民家庭总体的负债结构是

否合理。

（2）假如你是财富管理客户经理，准备如何利用消费金融手段或工具来协助客户进行消费储蓄管理？

自测与拓展

1. 与家庭财富管理规划联系紧密的储蓄动机有（　　）。

   A. 为满足支出逐步增加的提升动机

   B. 提供可预期的未来需要的生命周期动机

   C. 为应对不确定性支出的预防性动机或谨慎动机

   D. 为实现独立和掌控感而进行储蓄的独立动机

   E. 遗产馈赠动机

   F. 为购房、创业、子女教育等特定目标而储蓄的目标储蓄动机

   G. 为获取利息和升值的跨期替代动机或投机动机

2. 关于相对收入假说，以下说法正确的是（　　）。

   A. 消费者所在群体的平均收入水平对该消费者的当期消费产生影响

   B. 消费者过去的最高收入水平对该消费者的当期消费产生影响

   C. 消费者的社会活动越频繁，其消费方式受他人影响越大

   D. 短期边际消费倾向与长期平均消费倾向相同

3. 关于持久收入假说，以下说法正确的是（　　）。

   A. 持久收入中财产性收入占比越高，则消费占持久收入之比越小

   B. 消费者的持久消费与持久收入之间存在比较稳定的关系

   C. 该假设认为存在消费倾向递减规律

   D. 持久收入主要指人力财富带来的劳动收入和非人力财富带来的财产性收入

   E. 奢侈品和耐用消费品的消费受暂时性收入的影响更大

4. 影响消费者预防性储蓄的因素有（　　）。

   A. 收入的不确定性　　　　　　　B. 寿命的不确定性

   C. 谨慎性动机　　　　　　　　　D. 暂时性收入的不确定性

5. 关于流动性约束产生的原因，以下说法正确的是（　　）。
   A. 政府利率管制和银行垄断
   B. 信息不对称
   C. 信贷机构对风险差异的定价能力不足
   D. 部分消费者缺乏可抵押资产

6. 关于缓冲存货储蓄理论，以下说法正确的是（　　）。
   A. 消费者财富积累高于目标积累水平，则谨慎性动机大于不耐动机
   B. 消费者财富积累低于目标积累水平，则谨慎性动机大于不耐动机
   C. 财富积累具有抵御未来不利收入冲击的作用
   D. 利率的变化只会产生消费跨期替代效应

7. 以下说法中，属于家庭经济学区别于传统经济学的说法有（　　）。
   A. 家庭经济学中家庭或个人不仅仅是消费者，更是生产者
   B. 家庭成员偏好具有一致性
   C. 人力资本投资是家庭投资中的一项重要内容
   D. 家庭追求整体效用最大化
   E. 家庭内部存在显著的利他行为

8. 以下关于生育行为的经济学解释中，正确的有（　　）。
   A. 财富水平越高的家庭其孩子的投资品属性越强
   B. 收入差距越大的国家其生育率越低
   C. 收入的增加既可能增加孩子的数量，也可能增加孩子的（教育）质量
   D. 家庭中的孩子同时具有消费品属性和投资品属性
   E. 养育孩子的成本类似于孩子的相对价格，对孩子的需求取决于孩子的相对价格与总收入

9. 以下说法中，反映了家庭内部利他主义的说法有（　　）。
   A. 在孩子的养育成本上升的情况下，会出现减少生育数量和提高孩子质量的行为
   B. 将孩子的效用纳入父母或家庭的效用函数中
   C. 人力资本投资是家庭最重要的一项投资，关系到家庭的财富积累、传承与兴衰
   D. 家庭效用最大化是包含了人力资本投资与遗产馈赠在内的代际动态效用最大化

10. 对于家庭收入和财富水平低的家庭而言，以下关于人力资本投资的说法正确的是（   ）。

    A. 即使缺少可抵押的资产，父母仍然可以通过增加借贷对孩子进行人力资本投资

    B. 增加低收入家庭的金融服务可得性或增加政策性教育贷款将增加低收入家庭的人力资本

    C. 低收入家庭为实现对孩子的人力资本投资而降低父母消费的程度取决于父母的利他程度

    D. 父母给予孩子的人力资本投资仅仅取决于人力资本投资的边际收益

参考答案

思考习题

1. 简述消费者效用最大化的定义、演变与主要分类。

答：从经济学角度而言，消费者行为的基本目标就是效用最大化。其中效用是指消费者从商品或服务中获得满足的程度，是消费者对商品的偏好和主观评价。

效用理论从最初的基数效用（即效用可以测量）理论过渡到后来的序数效用（即效用只能进行排序）理论，德布鲁于 20 世纪 50 年代完成了标准消费理论的推导，这时候效用函数主要依赖于消费者偏好关系。

效用最大化可以分为静态（单期）效用最大化与动态（跨期）效用最大化。静态效用最大化是指在一个时点上消费者在禀赋与市场约束前提下，选择所消费商品与服务的数量组合以实现其最大的总效用。动态效用最大化是指在一段时期内消费者在禀赋与市场约束前提下，选择所消费商品与服务的数量组合以实现其最大的总效用，动态效用最大化还可以根据是否考虑代际问题进一步细分。另外，根据研究的条件不同，效用最大化问题的分析可以分为确定性条件下的效用最大化和不确定性条件下的效用最大化。

2. 居民储蓄动机主要有哪些？其中哪些与财富管理规划紧密相关？

答：Browning 等（1996）总结了凯恩斯在《就业、利息与货币通论》上提出的八种储蓄动机并增补了一个，从而得到如下九大储蓄动机：①用于应付不确定性支出的预防性动机；②提供可预期的未来需要的生命周期动机；③获取利息和升值的跨期替

代动机；④满足支出逐步增加的提升动机；⑤为实现独立和掌控感而进行储蓄的独立动机；⑥为确保能够投机或开展商业项目需要而进行储蓄的创业动机；⑦遗产馈赠动机；⑧贪婪动机；⑨为准备住房等耐用品的首付而进行储蓄的首付动机。

从财富管理角度而言，与财富管理规划紧密相关的储蓄动机主要有以下五个：生命周期动机、预防性动机（或者说谨慎性动机）、跨期替代动机（或者说投资动机）、目标储蓄动机（包括创业动机和首付动机）和遗产馈赠动机。

3. 简述绝对收入假说的主要结论以及消费函数之谜。

答：1936 年凯恩斯在《商业、利息和货币通论》中提出了绝对收入假说，其核心思想是：消费随消费者自身当期收入的变化而变化，$C_t = \alpha + \beta_t Y_t$。但消费变化的幅度要小于收入变化的幅度，边际消费倾向为 $0 < \beta_t < 1$ 的常数（短期的边际消费倾向与长期的平均消费倾向趋于相等）。

之后，库兹涅茨（1946）利用美国的历史经济数据进行回归分析时发现如下三个基本事实：第一，截面数据分析表明，边际消费倾向小于平均消费倾向。这说明在某一时点上，收入越高的人，其消费占其收入的比重越小；第二，在短期内，比如一个经济周期内，也存在边际消费倾向小于平均消费倾向的现象；第三，在长期内，平均消费倾向稳定不变，基本上是一个常数（在 0.85 左右），因此必定有边际消费倾向等于平均消费倾向。这一短期消费函数和长期消费函数表现出来的差异被称为消费函数之谜或库兹涅茨悖论。

4. 简述相对收入假说如何解释消费函数之谜及其与财富管理相关的主要结论。

答：1949 年杜森贝里提出了相对收入假说，其核心思想是：消费者的现期消费水平受自己过去的收入和所在人群的平均收入的影响，这里相对收入中的相对有两层含义，一是相对于自己过去的收入，二是相对于他人的收入。该假说用消费的棘轮效应与示范效应回答了消费函数之谜。棘轮效应是指消费者现期收入和消费要同自己过去的收入和消费进行对比，会导致收入下降时，短期内的消费下降要小于收入的下降，从而出现更小的边际消费倾向；示范效应是指消费者现期收入和消费要同所在人群的收入和消费进行对比，即使自身收入较低，也会因为所在人群更高的收入和消费产生的示范效应提高其平均消费倾向。从而解释了短期消费函数与长期消费函数之间差异的形成原因，即从相对收入角度解释了消费函数之谜。

从对相对收入假说的研究与应用来看，与财富管理规划相关的主要结论有：第一，居民消费受自身过去最高收入和消费的影响，即使现在收入比过去收入下降，但是消费的下降存在棘轮效应,即消费的下降不如收入的下降幅度大,"由俭入奢易,由奢入俭难",理财与财富管理规划需要考虑消费的棘轮效应。第二,居民的消费受周围居民家庭消费的影响,即消费存在示范效应。由于消费行为比家庭其他经济行为更容易被观察到,因此需要将消费的示范效应纳入理财与财富管理规划的考虑因素。

5. 简述持久收入假说如何解释消费函数之谜及其与财富管理相关的主要结论。

答:1957 年弗里德曼提出了持久收入假说,其核心思想是:收入分为持久性收入与暂时性收入,消费分为持久性消费与暂时性消费,认为消费者的持久性消费与持久性收入之间呈现出稳定的关系,但现期消费会受到暂时性收入变化的冲击与预期的持久性收入的影响。由于暂时性收入变化有可能大于 0 或小于 0,因此,现期消费可能大于或者小于其持久性消费(长期消费),从而从暂时性收入(持久性收入)的角度解释了消费函数之谜。

从对持久收入假说的研究与应用来看,与财富管理规划相关的主要结论有:第一,由于居民消费受暂时性收入和持久性收入两方面影响,而不同生命周期阶段的收入会有较大的不同,因此在财富管理中应提前进行现金负债规划。第二,非人力财富与收入之比越大或者持久收入中财产性收入占比越高,持久消费占持久收入之比也越大,因此在消费储蓄决策和资产配置决策时需要充分考虑非人力财富的影响。第三,持久性收入的衡量与计算主要根据适应期预期方法得到,即居民将根据过去的预期与实际发生情况之间的差距不断进行调整,从而使预期值逐步趋近实际值。第四,按照持久收入假说,由于家庭的消费主要与持久收入相关,而持久收入的根本来源与人力资本投资有关,因此,人力资本投资对持久收入和消费的影响应在财富管理中予以考虑。

6. 简述生命周期假说的核心思想及其与财富管理相关的主要结论。

答:1954 年莫迪利安尼提出了生命周期假说,其核心思想是:个人将利用其可以获得的资源(收入与财富)在整个生命周期进行最优配置,以实现其整个生命周期的效用最大化。

从对生命周期假说的研究与应用来看,主要有如下几点与财富管理规划相关的结论:第一,需要从整个生命周期的角度来考虑资源的配置和财富的积累,理解生命周期储蓄与财富的积累背后隐含的动态效用最大化的消费轨迹。第二,为退休而储蓄,生命周期储蓄是人生最重要的储蓄动机,这也是工作阶段理财与财富管理的主要目标。第三,工作阶段与退休阶段的年限时长、投资所处年龄阶段、家庭人口年龄结构、家庭人口规模以及家庭劳动收入–年龄模式均对生命周期消费储蓄行为与财富积累行为产生显著影响。

7. 简述预防性储蓄理论、流动性约束假说、缓冲存货储蓄理论及其与财富管理相关的主要结论。

答：预防性储蓄理论认为，消费者需要增加额外的预防性储蓄以应对未来寿命与未来收支的不确定性，且未来不确定性的增加和谨慎动机的存在将会增加预防性储蓄从而减少当期消费。该理论对于财富管理的指导意义在于，我们需要为不确定的未来做预防性储蓄，同时也需要获得更多关于未来收支的信息，了解因风险厌恶产生的谨慎动机，通过社会保障和保险降低收支的不确定性，减少过度谨慎动机。

流动性约束假说认为，因为政府管制和银行垄断、信贷机构定价能力不足、信息不对称和信用系统不够完善等原因，居民家庭将面临流动性约束，继而影响到当期消费与未来消费。该理论对财富管理的指导意义在于，我们需要了解家庭在不同时期面临的流行性约束，为家庭进行恰当的现金与负债规划，并利用财富管理相关产品，帮助家庭缓解流动性约束。

缓冲存货储蓄理论认为，资产可以充当缓冲存货的角色以帮助消费者抵御不利的收入冲击，因此消费者除了有减少消费用于积累资产的谨慎性动机以外，还有减少财富存量用于消费的不耐动机。该理论对财富管理的指导意义在于，我们需要知晓在不同生命周期阶段客户的谨慎性动机和不耐动机会有所不同，其消费与储蓄的特征也会因此而不同。

8. 跨代动态效用最大化的主要出发点是什么？现代家庭经济学中影响生育行为的因素主要有哪些？

答：跨代动态效用最大化的主要出发点：在假定只考虑最相邻的下一代，且父母对每个孩子的利他主义程度以及所有孩子的效用函数都相同的前提条件下，父母的效用不仅仅取决于自己的消费，还取决于孩子的数量和孩子的效用。

现代家庭经济学中影响生育行为的影响因素：孩子作为家庭产品，具有消费品和投资品两种属性。对于富裕家庭而言，孩子具有更强的消费品属性；对于贫穷家庭而言，孩子具有更强的投资品属性；对于中产家庭而言，孩子兼具两种属性。家庭财富状况、养育成本（包括直接成本与间接的机会成本）以及二者之间的关系影响家庭的生育行为。直接成本是用于食物、衣物、娱乐、学习等方面的费用；间接成本又称机会成本，指父母为养育孩子而失去的工作收入和闲暇等。养育孩子的成本类似于孩子的相对价格，那么对孩子的需求取决于孩子的相对价格与总收入。父母收入的上升存在双重效应：其一是收入上升对孩子需求有正向的收入效应；其二是收入上升增加了养育孩子的直接成本与机会成本，因此导致对孩子需求负向的价格效应。

9. 考虑生育行为、人力资本投资与遗产馈赠行为的家庭储蓄需求模型对财富管理有何启示意义？

答：①家庭不仅是"消费部门"，更是"生产部门"，家庭配置于"家庭部门"与"市场部门"的时间与资源需要综合考虑，家庭内部需要分工协调。②需要从整个家族的兴衰和传承的角度来考虑资源的配置和财富的积累，理解代际生命周期储蓄与财富管理背后所隐含的代际动态效用最大化的消费轨迹。③对孩子的人力资本投资是家庭最重要的一项投资，关系到家庭的兴衰，因此在家庭生命周期储蓄与财富管理中不但要考虑孩子的生育数量，更需要考虑孩子的人力资本投资在内的所有投入情况。④在家庭生命周期储蓄与财富管理中需要综合考虑对孩子的人力资本投资与遗产馈赠，不但需要从孩子的能力和偏好等角度分析人力资本的投资收益率，还需要考虑非人力资本遗产的收益率问题，两者之间需要达到一个较好的匹配程度。

计算题

题干略。

（1）解：
$$\max u(c_1, c_2) = c_1^{0.6} c_2^{0.4} \quad ①$$

$$\text{s.t.} \ c_1 + \frac{c_2}{1+r} = 200 + \frac{100}{1+r} \quad ②$$

根据跨期效用最大化的条件可以得到：$\dfrac{3c_2}{2c_1} = 1+r$ ③

将③代入②得 $c_1 = 120 + \dfrac{60}{1+r}$，$c_2 = 120 + 8r$

答：青年时期最优消费量为 $120 + \dfrac{60}{1+r}$，老年时期最优消费量为 $120 + 8r$。

（2）解：$c_1 = 120 + \dfrac{60}{1+r} = 170 \Rightarrow r = 0.2$　　$c_2 = 120 + 80 \times 0.2 = 136$

答：利率 r 为 0.2，第二期消费量为 136。

（3）**答**：由于 $\dfrac{dc_1}{dr} < 0$，而 $\dfrac{dc_2}{dr} > 0$，所以利率变大将导致 c_1 降低，而利率变大将导致 c_2 增加。

案例讨论：中国家庭总负债结构与消费金融助力消费升级

题干略。

（1）用本章所学习的生命周期消费储蓄理论来分析中国居民家庭总体的负债结构是否合理。

答：不够合理。这是因为：根据生命周期消费储蓄理论的结论，个人在工作阶段的收入积累与退休阶段所有年度消费支出相等；工作阶段积累财产用于退休阶段的消费支出，那么工作阶段的储蓄为正，到退休的节点其财产达到顶峰；退休后将工作阶段积累的财产用于消费支出。中国居民家庭总体负债中以住房负债和经营性负债为主，尤其是住房负债的占比过高；消费负债、教育负债和信用卡负债占比过低。从统计结果来看，中国居民对住房负债的依赖过高，导致负债时间长，负债金额大，还贷压力过大；另一方面，信用消费的占比过低，对于启动居民消费、利用信用工具改善家庭流动性造成了一定的阻碍。

（2）假如你是财富管理客户经理，你准备如何利用消费金融手段或工具来协助客户进行消费储蓄管理？

答：可以利用消费金融工具协助客户进行超前消费，例如充分利用信用卡免息期内的信用额度，进行日常的消费支付；评估各大消费平台的金融工具的成本，对多个短期信用工具进行综合管理；将因短期信用消费而节省下来的现金购买短期投资工具，在保障一定流动性的前提下，获取更多投资收益。

自测与拓展

题号	1	2	3	4	5	6	7	8	9	10
答案	BCEFG	ABC	BDE	ABC	ABCD	BC	ACE	CDE	BD	BC

第6章

家庭生命周期资产配置模型与应用

本章回顾

6.1 家庭生命周期资产配置概论与风险金融资产配置基准模型

生命周期金融是家庭金融领域最重要的研究方向,人们面临的最基本的生命周期储蓄和投资问题主要有三个:①他们需要将收入中的多少用于未来储蓄;②他们应该为哪些风险进行投保;③他们的储蓄应该如何投资。在人生三阶段的生命周期划分下,家庭生命周期资产配置主要集中于工作和退休的两个阶段。在均值-方差现代投资组合理论中,风险资产有效前沿与资产配置线的切点组合与无风险资产收益连接的资本市场线能实现投资者效用最大化。换而言之,根据"两基金分离定理",投资者只需要在无风险资产与确定的风险资产组合之间配置资产,对所有投资者而言,最优的风险资产组合内部的比率不变。但现实中风险偏好不同的投资者会选择不同的风险金融资产组合。风险资产配置现实与理论之间的差异被称为资产配置之谜。

为了解释资产配置之谜,萨缪尔森(1969)与默顿(1969)构建家庭生命周期风险金融资产投资基准模型,运用常相对风险规避系数的幂效用函数、无风险金融资产和风险金融资产两资产的投资者动态预算约束方程,得出了单一风险金融资产的最优投资比例为 $w^*(t)=\dfrac{\alpha-r}{\sigma^2\gamma}$，多种金融风险资产条件下的最优投资比率为 $w^*(t)=\dfrac{1}{\gamma}\Omega^{-1}(\alpha-r)$，其经济意义为：最优的风险金融资产比例与该风险金融资产预期的超额收益率（风险溢价）正相关，与该风险金融资产的风险以及投资者的相对风险规避系数负相关。

根据基准模型，所有投资者都应该将其财富的一部分投资于以股票为代表的风险金融资产，但现实研究表明，任何国家的财富人群都存在一些家庭并不参与股票投资，该理论与现实的差异被称为股票市场有限参与之谜。为了进一步探究居民风险资产配置不足的原因，家庭金融相关研究主要从三个方面予以解释：①因参与成本、借贷约束和金融市场交易规则约束引起的"市场摩擦"会减少股市参与；②在金融市场不完全条件下，人力财富、住房资产与私人企业资产等定价困难所产生的"背景风险"也会影响股市参与；③非标准偏好、异质性信念、信任、金融素养、其他人口统计学与生物学特征、承诺性支出、经历与社会互动等诸多"居民特质"所引起的风险态度异质性也会影响风险金融市场的参与决策。

6.2　家庭生命周期资产配置模型与应用

生命周期内人们最重要的投资决策就是如何平衡资产类别，即如何确定股票、债券、房地产、货币市场证券等资产类别在投资组合中的权重。通过对美国金融市场的历史经验进行总结，马尔基尔提出了资产配置的五项基本原则，并在《漫步华尔街》第 11 版中指出：一个人必须根据其生命周期的不同阶段来制定不同的投资策略，使用不同的金融工具来实现自己与家庭的目标。他在书中给出了具体年龄阶段的生命周期投资指南。该指南的核心内容显示：高风险的股票资产配置比例随年龄的增大而下降，低风险的债券资产配置比例随年龄的增大而上升。

家庭风险金融资产配置基准模型中没有考虑人力财富，马尔基尔生命周期投资法则也只是一个简单的经验法则，认为风险资产投资占比随年龄的增长而下降。但是，基于发达国家的实证研究表明，伴随着投资年龄的变化，投资于风险金融资产的比率呈现先上升后下降的"驼峰形"（hump-shaped）或"倒 U 形"的特征，并且年轻家庭持有的风险金融资产占比也低于简单经验法则所说的比例。

为了更好地解释经验现实，坎贝尔与万斯勒（2004）引入劳动收入（人力资本）对基准模型进行扩展，在劳动收入完全确定和不完全确定两种条件下重新构建家庭生命周期风险资产配置模型。在劳动收入完全确定条件下，无风险且不可交易的劳动收入可看作无风险金融资产，此时最优的家庭风险金融资产的投资比例与受教育程度正相关，并且在工作早期和中期因人力财富与预期收入的增长而上升，在退休前后因人力财富与预期收入的减少而降低。在劳动收入不确定条件下，在静态分析中，当劳动收入完全自有（与风险金融资产收益无关）时，不确定的劳动收入的存在将减少无风险金融资产，增加风险金融资产，其不确定性的增大将挤出风险金融资产的持有。当劳动收入的波动与风险金融资产的波动呈正相关时，个人或家庭将减少风险金融资产的持有；二者呈负相关时，将增加风险金融资产的持有，以对冲劳动收入波动。在动态分析中，生命周期内投资者的劳动收入将受到持久收入冲击和暂时性收入冲击的相互作用；风险金融资产的超额收益率以及风险存在时变性特征（time-varying）；投资者的风险规避系数（或风险态度）与时间偏好率可能发生变化；退休后投资者的养老金收入以及医疗支出存在不确定性；存在融资约束等金融市场不完全因素以及遗产馈赠动机的强弱等诸多动态因素都将影响风险金融资产的配置。

6.3 考虑保险的家庭生命周期资产配置模型与应用

从理论上来讲，为了对冲疾病、死亡与长寿风险，生命周期财富管理中的资产配置需要考虑人身保险。但是经验研究文献表明，人寿与健康保险不足以及商业年金保险不足（"年金之谜"）的现象在发达国家与发展中国家均普遍存在。新古典经济学框架与行为经济学框架都对该现象进行了相应的解释。

为计算最优保险，霍兰（2015）在引入人力财富的投资者模型中同时考虑资产配置决策和人寿保险决策，投资者通过同时选择最优的人寿保险和最优的风险金融资产配置来实现"存活"和"死亡"两种状态下的效用最大化。模型结论表明：人力财富及其收益劳动收入是联系两大决策的核心要素，在"存活"状态下，假定劳动收入的均值不变，当劳动收入的风险增大或劳动收入与风险金融资产收益率波动性相关性增强时，最优资产配置中人寿保险的购买将减少。在"死亡"状态下，遗产偏好比人力财富对人寿保险的需求影响更大，遗产偏好越强的家庭将购买更多的人寿保险，且主观死亡概率也与人寿保险需求正相关。

为了应对长寿风险，投资者购买年金保险。根据霍兰（2015）的模型，追求效用最大化的理性投资者对退休资产进行配置以达到其效用最大化，投资者将其退休资产在无风险金融资产、风险金融资产、固定收益年金和可变收益年金四种资产中进行配置。根据模型结论，投资者的遗产馈赠动机越大，投资者在以国债为代表的无风险金融资产与以股票为代表的风险金融资产上的配置越多，而在终身年金上的配置越少；在风险金融资产和无风险金融资产之间的配置取决于投资者的风险容忍度或风险规避系数，随着投资者风险规避系数的上升，其在终身年金上的配置将降低。

关键概念与概念理解

关键概念	概念理解
资产配置之谜	风险金融资产配置不足的现实与理论之间存在差异
背景风险	用来解释风险态度异质性的环境因素
股票市场有限参与之谜	股票市场实际参与率低于理论参与水平
风险金融资产投资基准模型	常相对风险规避系数的幂效用函数与两种金融资产的预算约束下求解最优风险金融资产投资比例
保险不足悖论	家庭对人身保险的基本需求与现实投保不足之间的矛盾
死亡风险	可以通过购买人寿保险来降低风险发生时的损失冲击
长寿风险	可以通过购买年金保险来弥补风险发生时的收入不足

思考习题

1. 什么是股票市场有限参与之谜？为什么存在股票市场有限参与之谜？
2. 人生主要分为哪三个阶段？为何必须根据生命周期不同阶段制定不同的资产配置策略？
3. 劳动收入完全确定条件下生命周期风险金融资产投资比例将如何演变？
4. 劳动收入不确定条件下投资者将如何根据劳动收入过程差异、风险金融资产收益不确定、风险规避系数与时间偏好率变化、养老金不确定以及存在融资约束与遗产馈赠动机情况调整风险金融资产配置策略？

5. 什么是保险不足悖论？为什么存在保险不足悖论？

6. 当年龄增长、遗产馈赠动机增强、主观死亡概率上升、风险规避系数上升、初始金融财富增加、劳动收入风险与风险金融资产收益相关性增强时，人寿保险需求将如何变化？

7. 从财富管理角度看，一个投资者在退休后主要有哪两大经济目标？又主要面临哪三大风险？如何管理这三大风险？

计算题

1. 假设有四种金融资产，包括三种风险金融资产和一种无风险金融资产，风险金融资产 A、B 和 C 的收益率分别为 10%、8%、6%，无风险金融资产 D 的收益率为 3%，四种资产的方差协方差矩阵如表 6-1[①]所示，假如投资者的相对风险规避系数为 4，那么按照最优投资比例，回答各种资产应该如何配置，并且与例题 6-1[②]的结果进行比较。

2. 假定某投资者面临的金融市场无风险金融资产收益率为 2.5%，风险金融资产的预期收益率及其方差分别为 9% 与 15%，该投资者的相对风险规避系数为 4。

（1）该投资者的所有财富均以金融资产形式存在，求解其最优风险金融资产投资占总财富的比重。

（2）假定该投资者年龄为 24 岁，其金融财富目前为 100 万元人民币，劳动收入为 7 万元，且劳动收入未来年份的增长率为 6%，如果用无风险金融资产收益率作为贴现率，那么求解该投资者现在的人力财富现值（假设该投资者 60 岁退休，退休后没有收入）和最优风险金融资产投资占总金融财富的比重。

（3）假定该投资者的劳动收入存在不确定性，但是劳动收入风险与风险金融资产风险不存在相关性，并且该投资者消费的金融财富弹性为 0.2，求解其最优风险金融资产投资占总财富的比重。

（4）假定该投资者的劳动收入存在不确定性，但是劳动收入风险与风险金融资产风险之间的协方差为 0.015，并且该投资者消费的金融财富弹性为 0.2，求解其最优风

---

① 题中的表 6-1 是指主教材《财富管理理论与实践》一书中的表 6-1。
② 题中的例题 6-1 是指主教材《财富管理理论与实践》一书中的例题 6-1。

险金融资产投资占总财富的比重。

（5）试将以上结论与例题 6-2 [一] 进行比较。

案例讨论：招商银行推广资产配置系统带来的启示

1. 案例背景与说明

招商银行针对 50 万~500 万元的"金葵花"客户，在全行范围开始推广资产配置系统（对外称"大类资产配置系统"，内部叫法是"全球资产配置系统"）。"资产配置财富管理在国外早已成熟，国内过去的资产配置方案基本上是靠客户经理的个人经验形成的，但客户经理的水平参差不齐，有很大的局限性；招行立足本土专业的资产配置系统，以标准化、智能化的机制为客户输出《资产配置建议书》，防范差异化风险。"招商银行相关负责人表示。

据记者了解，招商银行资产配置系统是国内首个智能化资产配置系统。该系统以 VaR（风险价值评估）模型为基础，结合客户的风险承受等级，为客户量身输出资产配置方案。"现在银行财富管理的通病是产品导向型，招行的资产配置系统以客户需求为基础，把产品导向转向客户导向，重建财富管理客户服务模式。"相关负责人向记者表示。据记者了解，招行资产配置系统的原则主要有三条：必须保证客户足够的现金流、客户子女教育和养老等一系列刚性支出；在此基础上，利用金融工程模型结合市场形势计算 VaR 值，结合客户风险承受能力范围内对资产配置做最优安排。"这样安排，不仅能满足客户现金流、刚性支付的需求，还能降低下行风险。"上述负责人表示，"资产配置系统的核心是分散风险，实现资产的保值增值。"

从系统设计上来讲，该系统主要依据市场变量和客户变量两类因素。市场变量是指能反映市场总体走势的指标，由系统根据具体情况自动更新，包括 GDP 增速、通货膨胀率、居民工资收入水平、学费增长率、养老相关指标等。客户变量则是以招商银行为客户提供个性化资产配置方案为前提，由客户经理与客户沟通后形成，具体包括客户各人生阶段资产负债情况等多项内容。市场变量与客户变量具体化、模块化后，把核心要素以参数的形式输入系统，系统便可相应输出个性化的《资产配置建议书》。

[一] 题中的例题 6-2 是指主教材《财富管理理论与实践》一书中的例题 6-2。

在具体产品上，招商银行资产配置系统把市场所有财富管理产品分为现金及货币类、保险类、股票类、固定收益类、另类及其他等5个大类，而在《资产配置建议书》中则可细化到具体产品明细，包括产品名称或代码、估算市值、配置比例等。招商银行相关负责人表示，招商银行按照中医问诊的模式为客户做资产配置，跳出产品选择的模式，强调风险收益均衡的理念。"先对大类资产配置，基于大类资产均衡原则进行资产配置调整，调整诊断之后再对症下药。"据记者了解，目前该系统最终出具的《资产配置建议书》所配置产品主要以招商银行平台销售的产品为主，暂不覆盖他行平台产品，但招商银行平台销售的产品已能完全覆盖上述5大类所有产品。

财富管理是一项长期的工作，仅凭一个产品或一次资产配置不可能满足客户变动的多元化需求。招商银行资产配置系统也充分考虑市场走势与客户需求的变化，在与客户协调沟通的基础上，为客户实时调整资产配置建议。在市场走势判断上，招商银行在总行汇集了全行最优秀人才组建了投资决策委员会。投资决策委员会根据市场分析给出每个季度的投资方向，落实到客户资产配置建议中，在已有定量的基础上对相应产品配置进行微调。招商银行相关负责人表示，投资决策委员会的策略不属于系统范畴，是系统量化配置的人为干预，是以招商银行在市场研判的专业能力增加把握机会的能力。但为了控制风险，这种人为的干预对资产配置建议的调整被严格控制，调整比例5%～10%。

针对客户需求的变化，招商银行资产配置系统主要从两个方面进行跟踪服务。一是按照"倾听客户需求—建议资产配置方案—具体产品实施—资产表现绩效跟踪—再倾听客户需求"的"资产配置标准流程"，循环持续跟踪客户需求，并实时调整资产配置建议；二是紧密关注客户资产配置的运行情况，相应市场环境发生变化引起市场指标发生变化，或突发事件发生后，及时调整系统参数设置，更新资产配置建议。比如，此前基于信任、看好基金管理人而配置某款基金，该基金管理人突然离职引起基金管理和投资风格变化，或因不可控因素该产品发生收益变化，就必须及时与客户沟通，建议进行调仓操作。

"通过资产配置系统接受过招商银行客户经理的资产配置建议后，客户满意度普遍提高。根据我们的调查，70%以上的客户都接受资产配置的理念。"

2. 案例思考

（1）招商银行开发财富管理服务的资产配置系统的出发点与意义何在？

（2）根据本章的学习，大家觉得其中的市场变量和客户变量主要可能有哪些？

（3）如果由你来完善该系统，你准备从哪几个方面进行？

（4）如果你是第三方财富管理机构或非商业银行类金融机构，你准备如何调整该资产配置系统？

自测与拓展

1. 与家庭生命周期风险金融资产投资基准模型相区别，均值-方差效用函数的现代投资组合理论模型具有的特征包括（　　）。

    A. 假设风险金融资产的收益率和方差对所有投资者均相同

    B. 没有考虑预期收益和风险的时变特征

    C. 均值方差投资组合理论中的模型是单期模型，具有短视特征

    D. 假设常相对风险规避系数，即投资者的风险态度独立于其财富水平

2. 可以用来解释"股票市场参与之谜"的因素有（　　）。

    A. 风险态度的非标准化与非一致性

    B. 由房产、人力财富和私人企业资产等非金融财富的存在引起的背景风险

    C. 金融素养

    D. 由市场参与成本与借贷约束等引起的市场摩擦

    E. 市场信念与信任的异质性

3. 以下说法中，在马尔基尔资产配置基本原则中提到的有（　　）。

    A. 重新调整投资组合内资产类别的权重，可以降低风险

    B. 想要增加投资回报，就需要通过承担更大的风险来实现

    C. 持有风险金融资产的时间越长，其投资收益的波动性越大

    D. 必须将风险容忍度与风险承受能力区别开来

4. 引入确定劳动收入后，关于家庭生命周期资产配置中最优风险金融资产占比，以下说法正确的是（　　）。

    A. 受教育程度增加，将挤出无风险金融资产，挤入风险金融资产

    B. 随着年龄的增长，人们将降低持有风险金融资产的占比

C. 劳动收入确定的条件下，意味着人力财富无风险，即可以替代无风险金融资产

D. 初始金融财富增加将提高最优风险金融资产的占比

5. 人的一生中最基本的生命周期储蓄和投资问题主要有（　　）。

　　A. 人们将收入中的多少用于储蓄

　　B. 应该为哪些风险进行投保

　　C. 应该如何进行财富保全

　　D. 应该如何利用已有的储蓄进行投资

6. 以下有关资产配置之谜的说法正确的是（　　）。

　　A. 现实资产配置中所有投资人应持有的最优风险资产组合必然相同

　　B. 现实风险资产配置与两基金分离定理的观点不一致

　　C. 现实中不同的投资人其风险资产组合的内部构成不同

　　D. 越保守的投资者持有的风险资产组合的风险越低

7. 引起风险金融市场摩擦的原因可能有（　　）。

　　A. 参与金融交易的货币成本与信息成本

　　B. 信贷约束

　　C. 税收约束

　　D. 金融创新

8. 劳动收入不确定时，不同因素对最优风险金融资产持有的影响，以下说法正确的是（　　）。

　　A. 劳动收入不确定性越大，对最优风险金融资产持有的挤入就越大

　　B. 劳动收入的风险与风险金融资产风险正相关时，将挤出风险金融资产的持有

　　C. 劳动收入的风险与风险金融资产风险正相关时，将挤入风险金融资产的持有

　　D. 劳动收入的风险与风险金融资产风险负相关时，将挤出无风险金融资产的持有

9. 属于影响家庭风险金融资产配置的动态因素的是（　　）。

　　A. 家庭风险偏好的时变性　　　　B. 不变的遗产馈赠动机

　　C. 家庭收入冲击　　　　　　　　D. 养老金的不确定性

10. 以下说法中阐述正确的是（　　）。

A. 死亡风险越大的人越愿意购买人寿保险
B. 风险规避系数越大的人越愿意购买保险产品
C. 年金保险主要是应对长寿风险带来的储蓄不足的问题
D. 购买保险能够规避风险

参考答案

思考习题

1. 什么是股票市场有限参与之谜？为什么存在股票市场有限参与之谜？

答：根据风险金融资产投资基准模型，所有投资者应该将其财富的一部分投资于以股票为代表的风险金融资产。但各国数据表明，即使在金融市场发达的国家，也存在部分甚至大部分居民家庭并不直接或间接持有以股票为代表的风险金融资产。这种理论与现实之间的差异被称为股票市场有限参与之谜。

股票市场有限参与之谜的形成一般可以通过市场摩擦、背景风险和居民特质等三方面来进行解释。

①市场摩擦。完全市场假设没有市场摩擦，但现实中存在参与成本与借贷约束等影响居民投资决策的因素。②背景风险。背景风险是一种很难避免且不可交易的或难以投保的风险，主要指解释风险态度异质性的环境因素。由于现实金融市场的不完全性，居民家庭存在规模较大而且风险难以被定价的资产或财富，主要包括人力财富、住房资产和私人企业资产等，这些资产带来的异质性和难以对冲的背景风险对居民家庭资产配置将产生显著影响，尤其当居民面临的风险敞口较大时将可能降低风险金融资产投资。③居民特质。标准的家庭资产配置模型主要采用标准偏好和新古典经济学的效用函数，但是现实生活中居民家庭存在与标准模型假设不同的特质，这些特质往往导致其风险态度的异质性甚至在即使没有参与成本情况下也规避风险金融市场投资，主要包括非标准偏好、信念与信任、金融素养、人口统计学特征、承诺性支出、过去的人生体验或经验、智商与个性特征、基因、社会资本与社会互动，等等。

2. 人生主要分为哪三个阶段？为何必须根据生命周期不同阶段制定不同的资产配置策略？

答：从居民家庭生命周期资产配置或理财的角度来说，我们一般把人的一生分成三个阶段：第一阶段是成长和受教育时期，第二阶段是工作并取得收入形成财富积累的时期，第三阶段就是退休时期。

第一阶段是形成人力财富最重要的时期，人力财富与受教育程度高度相关，并且教育支出可以看作人力财富投资。但是在第一阶段绝大多数个体没有时间与资金进行资产配置，因此家庭生命周期资产配置理论主要集中于后面两个阶段。人生三个阶段的收入支出曲线存在显著差异，在每个人一生的不同年龄阶段，其人力资本、劳动收入、财富积累情况、支出需求甚至风险特征（包括风险容忍度和风险承受能力）都不一样，因此要根据生命周期不同的阶段制定不同的资产配置方案并进行再平衡的动态调整。

3. 劳动收入完全确定条件下生命周期风险金融资产投资比例将如何演变？

答：从个人开始工作取得收入到生命终结，各生命周期阶段的风险资产投资比例发生如表6-1所示：

表6-1 劳动收入完全确定条件下生命周期风险金融资产投资比例演变

变量	风险金融资产投资比例	原因
年龄增加（早期至中期）	上升	人力财富上升，早期收入增长快，居民提高未来收入增长预期
年龄增加（中期至退休前）	下降	人力财富下降，未来可获得收入期数和数值下降
年龄增加（退休后）	下降	人力财富下降，未来可获得养老金期数和收入皆下降，风险厌恶程度提高

4. 劳动收入不确定条件下投资者将如何根据劳动收入风险差异、风险金融资产收益不确定、风险规避系数与时间偏好率变化、养老金不确定以及存在融资约束与遗产馈赠动机等情况调整风险金融资产配置策略？

答：不同的劳动收入风险对风险金融资产配置的策略产生不同的影响。收入的暂时性冲击和持久性冲击，以及总冲击中持久性冲击所占比重不同，其影响也会不同。当总冲击不变而暂时性冲击占比较大，甚至出现灾难性暂时劳动收入冲击时，劳动收入的风险将急剧上升，风险金融资产投资比重将下降，投资者将增加预防性储蓄。持久收入冲击的影响需要考虑与风险金融资产收益率风险的相关性以及持久收入冲击本身的时间序列自相关性，如果持久收入冲击与风险金融资产收益率风险正相关，那么在持久收入冲击的前期将显著降低居民风险金融资产的投资比例，在冲击的中后期伴随持久收入冲击的衰减，这一挤出效应将逐步下降。

风险金融资产收益率不确定对风险金融资产动态配置的影响极为复杂，需要考虑到诸多因素，比如投资者所处的生命周期阶段、收入和支出及其不确定性状况、投资者的风险特征（包括风险容忍度与风险承受能力）、利率的期限结构和风险结构、投资者的跨期替代弹性（时间偏好）、跨期套利需求、风险金融资产收益率与期限、收益率的波动性之间的关系等。每一个因素对风险资产动态配置的影响在不同情况下都有所不同。

风险规避系数与时间偏好率是影响投资者效用函数的两个重要变量，时间偏好率是投资者对现在消费与未来消费之间替代关系的衡量。对于具有高风险规避系数与更有耐心的投资者而言，他们具有很强的预防性储蓄动机，因此他们比其他投资者积累更多的金融财富，但是对风险金融资产的投资比例更低。而相对缺乏耐心的投资者会增加当期消费，积累相对较少的储蓄，但是由于金融风险与收入风险相比不是那么重要，因此他们将更加积极进行风险金融资产投资。

因为养老金给付方式从确定性给付向确定性缴费转型，政府和养老保险公司的养老金收入投向金融市场，退休后个人的养老金收入与医疗支出存在更多不确定性，且该收入风险呈现出与风险金融资产风险正相关的特点，所以退休居民的风险金融资产配置比例下降。另外，人口老龄化导致养老金替代率存在下降的长期趋势，产生类似于持久性收入的负向冲击，退休居民进一步降低风险金融资产配置比例；同时老龄人口的医疗支出风险大大增加，退休居民将被迫增加预防性储蓄，因而风险金融资产配置比例将进一步下滑。

融资约束包括信息不对称和融资成本高导致的外生融资约束，融资方自身的财富与收入水平低、缺乏信用、缺少担保和抵押品等原因导致的内生融资约束。在融资约束下，居民或投资者将减少融资并且增加预防性储蓄，降低风险金融资产投资。

遗产馈赠动机的强弱主要对处于退休阶段投资者的风险金融资产配置影响较大。居民退休后可支配收入将低于退休前，在遗产馈赠动机存在并增强的时候，伴随着死亡概率的逐年增大，居民将进一步增加储蓄并为了规避风险而降低风险金融资产配置比例。

5. 什么是保险不足悖论？为什么存在保险不足悖论？

答："保险是经济生活处于危险时的对策"，任何家庭都需要购买一定数量的保险以应对家庭可能出现的收入减少与支出增加的冲击，如购买人寿险对冲死亡风险、购买健康险对冲疾病风险、购买年金保险对冲长寿风险等。但诸多经验证据表明，人寿与健康保险不足以及商业年金保险不足的现象在发达国家与发展中国家均普遍存在，因此称为保险不足悖论。

导致人寿与健康保险不足的主要原因有居民金融素养不足、对保险认识的不足、存在偏差的理财建议以及对构想家人死亡存在排斥情绪等。导致商业年金不足的原因有遗产馈赠动机的存在、流动性约束与给付约束等市场不完全因素的存在、年金市场的逆向选择效应、年金的非精算公平定价的存在、社会保障与家庭成员内部长寿风险分担、家庭储蓄与社会保障等年金的替代性因素的挤出效应等。另外，"非理性行为"对年金配置也产生影响，个人金融素养、对寿命预期的主观概率、心理账户的制约、信息感知偏差、害怕谈论死亡和担心产生被控制感等因素也是影响年金配置的原因。

6. 当年龄增长、遗产馈赠动机增强、主观死亡概率上升、风险规避系数上升、初始金融财富增加、劳动收入风险与风险金融资产收益相关性增强时，人寿保险需求将如何变化？

答：当年龄增长、遗产馈赠动机增强、主观死亡概率上升、风险规避系数上升、初始金融财富增加、劳动收入风险与风险金融资产收益相关性增强时，人寿保险需求的变化及其原因列表如表6-2所示：

表 6-2　人寿保险需求变化及原因表

变量	风险金融资产配置比例变化（原因）	人寿保险需求变化（原因）
年龄增长	下降（人力财富与金融财富之比在不断下降）	下降（人力财富下降）
遗产馈赠动机增强	影响较小（遗产馈赠动机主要影响人寿保险需求）	上升（遗产馈赠动机强的投资者更加关心其遗属）
主观死亡概率上升	影响较小（主观死亡概率主要影响人寿保险需求）	上升（人力财富损失的概率增大）
风险规避系数上升	下降（风险承担意愿下降）	上升（规避死亡导致人力财富损失的意愿增强）
初始金融财富增加	下降（人力财富与金融财富之比在不断下降）	下降（金融财富与人寿保险之间的替代）
劳动收入风险与风险金融资产收益相关性增强	下降（风险金融资产与人力财富之间风险对冲）	下降（人力财富的现值降低或劳动收入的确定性等价下降）

7. 从财富管理角度看，一个投资者在退休后主要有哪两大经济目标？又主要面临哪三大风险？如何管理这三大风险？

答：一个典型的投资者在退休阶段一般会有两个主要目标：第一个目标是保证自己在退休阶段能过上舒适的生活；第二个目标是他们可能想留一些遗产馈赠给亲属。

投资者在为他们的退休生活进行资产配置时，要考虑到三个主要的风险：①储蓄不足的风险,即投资者没有能够储蓄足够的钱来满足退休后的生活需求和构建他们的退休投资组合。②金融市场风险,金融市场风险可能会导致投资组合的价值或收益率上下波动,从而不能为投资者理想的退休生活与遗产馈赠提供充足的资金。③长寿风险,指的是投资者的寿命超过预期或超过投资组合能提供收入的年限的风险。

储蓄不足的风险主要来源于投资者的行为问题,需要帮助投资者克服"现在任意消费而不为退休储蓄"的短视问题,提前做好消费储蓄决策与现金负债规划;金融市场风险主要可以通过多元化投资的方式来对冲,年金保险的配置可以用来对冲长寿风险。

计算题

题干略。

1. 答:风险金融 A、B、C 的超额回报率分别为 7%,5% 和 3%,然后构建组合的方差协方差矩阵的逆矩阵如下

	A	B	C
A	-1.48	13.36	-12.87
B	13.36	-20.29	15.84
C	-12.87	15.84	21.78

然后将方差协方差矩阵的逆矩阵的每一行与超额回报率分别相乘再求和,最后除以风险规避系数 4,即可得到风险金融资产的最优配置,如风险金融资产 A 的最优投资比例为

$$W_A^*(t) = \frac{-1.48 \times 7\% + 13.36 \times 5\% - 12.87 \times 3\%}{4} = 4.46\%$$

同理可得风险金融资产 B 和 C 的最优投资比例为 9.90% 和 13.61%,而无风险资产的投资比例为 72.03%。与例题 6-1 的结论相比,风险规避系数越大,其无风险资产的投资比率越高,风险金融资产的占比越低。

题干略。

2. 答:(1) 最优风险金融资产投资比例为 $w^* = \dfrac{9\% - 2.5\%}{15\% \times 4} = 10.83\%$

(2) 人力财富现值为 $\mathrm{HW}_t = \sum\limits_{t=1}^{36} 7 \times \left(\dfrac{1+6\%}{1+2.5\%}\right)^t \approx 474.6033(元)$;最优的风险金融资产投资比例为

$$w_1^* = w^*(t)\left(1+\frac{HW_t}{W_t}\right) = 10.83\% \times \left(1+\frac{474.6033}{100}\right) = 62.23\%$$

（3）假定投资者劳动收入存在不确定性，且劳动收入风险与风险金融资产的风险不相关，但投资者消费的金融财富弹性为 0.2，则其最优的风险金融资产占总财富的比重为

$$w_2^*(t) = w^*(t) \times \frac{1}{\rho} = 10.83\% \times \frac{1}{0.2} = 54.15\%$$

（4）假定投资者的劳动收入存在不确定性，且劳动收入风险与风险金融资产的风险之间的协方差是 0.015，投资者消费的金融财富弹性为 0.2，则其最优的风险金融资产投资比例为

$$w_3^*(t) = w^*(t) \times \frac{1}{\rho} + \left(1-\frac{1}{\rho}\right) \times \frac{\sigma_{lu}}{\sigma_u^2} = 10.83\% \times \frac{1}{0.2} + \left(1-\frac{1}{0.2}\right) \times \frac{1.5\%}{15\%} \approx 14.15\%$$

（5）根据上述结论，与《财富管理理论与实践》一书的例题 6-2 相比，其他条件相同时，劳动收入的风险与风险金融资产的风险之间的协方差越大，其最优的风险金融资产投资占总财富的比重越小。

案例讨论：招商银行推广资产配置系统带来的启示

题干略。

（1）招商银行开发财富管理服务的资产配置系统的出发点与意义何在？

答：招商银行开发财富管理服务的资产配置系统是为了完善资产配置财富管理，因为国内过去的资产配置方案基本都是靠水平参差不齐的客户经理的个人经验形成的，局限性较大。招行立足本土专业的资产配置系统，以标准化、智能化的机制为客户输出《资产配置建议书》，防范差异化风险。招行的资产配置系统以客户需求为基础，有利于引导财富管理由产品导向转向客户导向，有利于重建财富管理客户服务模式。

（2）根据本章的学习，大家觉得其中的市场变量和客户变量主要可能有哪些？

答：市场变量是指可以反映市场整体走势的变量，具体指标有 GDP 增速、通货膨胀率、居民工资收入水平、学费增长率、养老相关指标等。客户变量是指财富管理机构为了能够为客户提供个性化与定制化服务所搜集的客户相关信息，具体指标有客户各人生阶段资产负债情况、收入与支出情况、客户基本个人和家庭信息、客户的风险特征（包括风险容忍度和风险承受能力）等。

（3）如果由你来完善该系统，你准备从哪几个方面进行？

答：可以从以下几个方面进行系统的完善：一是在系统中采用更多建模，对各类资产的风险和收益进行计算，为客户的资产配置方案提供误差更少的指导；二是增加对客户的风险画像，利用网络技术和大数据处理技术搜集和分析客户的风险特征及其动态变化，提供以客户需求为核心的个性化定制方案。

（4）如果你是第三方财富管理机构或非商业银行类金融机构，你准备如何调整该资产配置系统？

答：第三方财富管理机构作为金融行业内部的中介平台，第一可以增加大类资产类别，比如增加保险类和信托类以及跨境类资产，为客户提供更多元化、更全面的产品与服务；第二可以降低门槛为更多的客户服务，不仅向高净值客户提供私人银行服务，还可以向普通大众提供个人理财服务，从而满足各层次客户的需要。

自测与拓展

题号	1	2	3	4	5	6	7	8	9	10
答案	BC	ABCDE	ABD	AC	ABD	BCD	ABC	BD	ACD	AC

第 7 章

家庭现金和负债管理

本章回顾

7.1 家庭现金和负债管理的内涵

现金负债管理是财富管理的基础和其他财富管理分项规划的前提。其中，家庭现金管理是指为满足个人或家庭的短期流动性需求，而对家庭的日常现金及现金等价物的管理活动。家庭负债管理是指为了满足个人或家庭的流动性需求，而进行的短期融资需求与中长期资金的跨期转移活动所进行的计划安排。家庭现金管理与家庭负债管理在短期融资需求方面存在重叠，因此一般统称家庭现金负债管理。对于个人和家庭而言，随着家庭生命周期阶段的更替，会呈现不同的现金收支特点，进而产生不同的现金负债管理需求。

现金负债管理主要以满足流动性和安全性为主，适当兼顾收益性要求。根据凯恩斯的流动性偏好理论，人们对现金的持有量（货币需求）取决于三种动机：交易动机、预防动机和投机动机。之后研究者以该理论为基础，对交易性货币需求与预防性货币需求进行扩展研究，提出了"鲍莫尔-托宾模型"（又称为"平方根公式"）、"立方根公式"以及"存货模型"。另外，弗里德曼（1956）提出的货币数量论认为，货币是持有财富的一种方式，货币需求量取决于以各种形式持有的总财富、货币和其他形式资产的价格和收益率、财富所有者的偏好。

7.2 家庭现金管理规划

广义的现金包括现金与现金等价物，现金是流动性最强的家庭资产，现金等价物指持有的期限短、流动性强、易于转换成已知金额现金、价值变动风险较小的资产。家庭现金管理主要包括两方面内容：一是现金及现金等价物的管理；二是短期融资活动。现金管理主要包括：如何确保有足够的现金以应付预期和非预期的花费；如何运用和分配剩余的现金流或结余；如何在现金流入不足时通过短期融资活动以获取需要的现金；如何在短期内同时满足现金的流动性需求和适当的收益率等。家庭现金管理的核心问题主要在于平衡两个方面的因素：一是现金及现金等价物的总金额和每种不同的现金类资产工具的具体金额；二是平衡持有现金及现金等价物的收益与机会成本。家庭现金管理的原则应该是以流动性与安全性为主，然后适当兼顾收益性。

家庭现金管理工具主要包括几乎零风险的银行存款、货币市场基金（投资于短期有价证券的开放式基金）和各大金融机构发行的现金管理类理财产品（包括银行现金管理类产品、短债基金、养老保障管理产品、现金管理类信托和券商现金管理类产品等）。家庭现金管理的基本流程包括家庭现金流量表的编制、家庭现金流量的分析、家庭现金收支预算的编制、收支预算表与现金流量表的对比分析、流动性管理的动态调整。

7.3 家庭负债管理规划

家庭负债根据期限可以分为短期负债与中长期负债，根据负债目的可以分为消费性负债与投资性负债。消费性负债主要是为了应对家庭日常消费和紧急预备金而进行的负债；投资性负债主要是家庭在进行房地产购买与投资、金融资产投资与实业投资过程中运用财务杠杆，以获取更高的效用与收益而进行的负债。

家庭负债管理是指有效运用各种信用和债务工具，将家庭债务控制在动态合理的范围内，以达成良好的家庭财务状况，提高家庭在整个生命周期内的生活水平的管理活动。家庭负债管理的内容主要包括负债规模的决定、负债方式的选择、负债的期限与利率选择、负债偿还的安排等。家庭负债管理的主要原则有切实需要原则、额度控制原则、期限匹配原则、成本与风险控制原则。实施家庭负债管理的信用与债务工具主要有信用卡、民间金融借贷（消费金融公司、互联网小额信用循环消费贷款）、家庭资产质押负债管理（个人存单质押贷款、保单质押贷款、典当）、家庭资产抵押负债管理（个人住房抵押贷款、个人汽车抵押贷款）等。

7.4 个人信用评估方法与管理

家庭现金负债管理中能否顺利获得信用以及获得信用的成本高低与期限长短等都与个人信用评分紧密相关。常用的个人信用评分有两种：一是征信局（或征信机构）评分，是包含了个人在不同金融机构和非金融机构发生的全部信贷行为和相关记录的跨机构综合评分；二是金融机构内部的信用评分，包括贷前的申请评分、贷中的行为评分和贷后的催收评分。

个人征信的范围主要包括个人基本信息、信用交易信息和包括但不限于公用事业欠费、个人欠税和法院判决等影响征信记录的其他信息。相对于传统个人信用评分，互联网征信运用大数据、云计算和机器学习等技术对个人信贷、网络记录和社交信息等数据进行分析，数据内容与来源范围更广，评分结果更客观，更全面，更及时。个人信用关系到生活的方方面面，在信用经济时代，必须谨慎做好个人信用的维护和管理。首先要充分了解影响个人信用的因素并定期查询个人信用记录与评分；其次要避免留下不良的信用记录；最后要及时消除不实的信用记录或对不良信用记录进行说明。

关键概念与概念理解

关键概念	概念理解
现金管理	以流动性和安全性为主，适当兼顾收益性
负债管理	长期的家庭负债往往与购买房产或投资性负债有关
家庭收支预算表	先确定目标结余储蓄，再根据预算收入倒推预算支出，即"量入为出"
家庭现金流量表	反映某一时期内家庭的收入来源、支出流向及现金余额
个人信用评估	是进行个人和家庭负债管理，获得信用的基本前提
信用卡	具有免息还款期，能够循环使用信用的短期融资工具
住房抵押贷款	是由商业银行发放的用于住房购买的贷款，是家庭的长期融资工具
保单质押贷款	投保人将保单质押给保险公司，按保单现金价值的比例获得融资
典当	以财物或财产权利做质押获得当金的融资工具

思考习题

1. 家庭现金管理的程序是什么？可供选择的现金规划工具有哪些？
2. 家庭负债的原因有哪些？试述个人贷款的种类和特点。
3. 住房抵押贷款有哪几种偿还方式？等额本息法与等额本金法二者在计算贷款利息时有何不同？
4. 如何进行个人信用评估？

计算题

张先生一家在 2016 年 12 月购买了一套总价 300 万元的新房，首付 100 万元，贷款 200 万元，年利率为 5.39%，期限为 30 年，并采用等额本息的还款方式。试问：①每月还款的金额是多少？②在还款 3 年后，张先生用父母资助的 50 万元提早还款，请问此时张先生该笔贷款的余额是多少？③张先生提前还款 50 万元后，若还是沿用之前 30 年的贷款期限，每月还款的金额变为多少？如果张先生选择每月还款金额不变，那贷款还需多少年才能还完？

案例讨论：某公司部门经理张先生的现金负债管理规划

1. 案例背景与说明

张先生是某广告公司部门经理，月收入（税后）5 万元，年终奖（税后）20 万元。张太太是国企员工，工作稳定，月收入（税后）8 500 元。二人目前均为 42 岁，双方父母均健在并且均有退休金，儿子小张现年 10 岁。张先生家庭拥有两套房产：一套自住，房产价值 680 万元，每年偿还住房抵押贷款 8.6 万元，目前还有 120 万元尚未偿还；另一套用于出租，市值 400 万元，每月租金收入（税后）6 000 元，此房张先生准备退休后出售并将所得房款用于养老支出。张先生夫妇名下现有现金 20 万元，定期存款 50 万元，国债 30 万元，股票 40 万元，理财产品 30 万元，家庭还拥有现值 30 万元和 60 万元的轿车和 SUV 车各一辆。

张先生家庭每月日常生活消费支出 3 万元（不包括后续说明的以年度计算的各类支出），每年用于小张的教育支出为 9.8 万元，张先生平均每年另外需要 6 万元用于各类应酬。虽然双方父母均不需要赡养费用，但是每年传统节日和生日给双方父母的礼金支出为 3 万元。由于风险保障意识比较强，张太太为全家购买了比较充足的商业保险，每年家庭保费支出 8 万元。张太太是户外运动的爱好者，经常和朋友自驾旅游，每年家庭的养车支出（不包括保险费）为 4 万元，其余旅游支出为 10 万元。

2. 财富管理目标

（1）日常现金规划：保持充足的流动性，以应对日常开支和意外支出。

（2）负债管理：负债额度保持在合理的范围内，维持健康的财富结构。

（3）8 年后小张准备在国内上本科并参加学校的国际合作项目，预计本科期间需要 60 万元教育支出；12 年后小张准备出国攻读硕士学位，预计需要 100 万元教育支出。

（4）预计 20 年后小张结婚需要父母帮忙付婚房首付款 200 万元。

3. 条件假设

假设学费增长率为 5%，房价增长率 4%，通货膨胀率 3%。再假定货币基金类产品平均投资回报率为 2%，债权类产品与理财产品平均投资回报率为 5%，股票类产品平均投资回报率为 10%；收入增长率不考虑。

4. 案例问题

（1）根据张先生家庭的资产负债情况与现金收支情况制作资产负债表与现金收支表，然后完成本章和第二章涉及的家庭主要财务指标的计算，并判断张先生家的财务状况是否健康。

（2）根据张先生家的财富管理目标做出现金负债规划有效安排的具体方案。

自测与拓展

1. 关于现金类资产，以下说法正确的是（   ）。

    A. 流动性强　　　　　　　　　　B. 风险低

C. 高收益　　　　　　　　　　D. 产品期限短

2. 家庭现金管理的基本原则是（　　）。

　　A. 保证资金的流动性　　　　　B. 保障资金的安全性
　　C. 兼顾资金的收益性　　　　　D. 主要追求资金的收益性

3. 以下理论中涉及现金负债管理的有（　　）。

　　A. 预防性储蓄理论　　　　　　B. 资本结构理论
　　C. 流动性约束理论　　　　　　D. 资产定价理论

4. 以下金融产品中，属于家庭现金管理工具的有（　　）。

　　A. 定期存款
　　B. 封闭期在一年内的养老保障管理产品
　　C. 存续期短于 6 个月的信托产品
　　D. 余额宝

5. 在家庭现金流量表的编制过程中，计算净现金流量的最大口径是（　　）。

　　A.（工资性收入+经营性收入+财产性收入+转移性收入）-（消费性现金支出+经营性现金支出+财产性和负债偿还现金支出+转移性现金支出）
　　B.（工资性收入+经营性收入+财产性收入+转移性收入+资产出售现金收入）-（消费性现金支出+经营性现金支出+财产性和负债偿还现金支出+转移性现金支出）
　　C. 结余资金运用现金支出
　　D. 可支配收入

6. 以下金融产品中，属于家庭负债管理工具的有（　　）。

　　A. 信用卡　　　　　　　　　　B. 消费信用贷
　　C. 存单质押贷款　　　　　　　D. 资产抵押贷款

7. 关于质押贷款和抵押贷款的区别，以下说法中正确的是（　　）。

　　A. 质押是指债务人将动产或权利移交给债权人占有，并将其作为债权的担保的融资方式
　　B. 典当是最为古老的资产抵押贷款融资方式
　　C. 抵押是指债务人转移抵押财产的占有权给债权人，并将该财产作为债权担保的融

资方式

D. 在保单质押贷款中，保险人无需对申请贷款的保单持有人进行资信审查

8. 关于住房按揭贷款的偿还方式，以下说法中正确的是（　　）。

　　A. 等额本息还款的还本速度比较快，还本的款额是逐月减少的

　　B. 等额本金还款的每月利息偿还金额是逐月减少的

　　C. 在利率相等的条件下，等额本息和等额本金两种还款方式的现值是相等的

　　D. 在利率相等的条件下，选择等额本息还款还是等额本金还款取决于借款人的现金流特点

9. 数字经济时代个人征信评估的范围包括（　　）。

　　A. 个人基本信息

　　B. 与金融机构相关的各项信用交易信息

　　C. 公共事业、税收缴费信息和法院判决信息等非信贷信用信息

　　D. 社交和网络数据信息

10. 家庭现金收支预算表的编制中需要重点注意的问题有（　　）。

　　A. 家庭现金收支预算表的编制必须严格遵照固定的报表格式

　　B. 要先确定预算期内的目标结余储蓄，然后倒推预算支出

　　C. 家庭现金收支预算表的编制需要结合家庭实际需要，根据收入的实际情况和预期变化来进行

　　D. 如果出现预算赤字，需要事先考虑利用出售财产和借贷的方式来弥补

参考答案

思考习题

1. 家庭现金管理的程序是什么？可供选择的现金规划工具有哪些？

答：在家庭具体现金规划过程中，首先要分析家庭现金需求，确定合理的现金比率，并计算现金规划额度。其次通过综合运用各类现金管理工具对个人的现金规划额度进行配置。具体配置中，注意平衡资产的流动性、安全性与收益性。在现金额度配

置的基础上，采用信用卡、微粒贷等负债规划的特殊工具解决短期内的超额现金需求。最后，应形成完整的现金规划方案，并组织实施和动态调整。

家庭现金管理一般选择具有较高流动性的现金与现金等价物，主要包括狭义的现金、银行存款、货币市场基金与现金管理类理财产品与贷款类工具等。

2. 家庭负债的原因有哪些？试述个人贷款的种类和特点。

答：家庭负债根据负债目的可以分为消费性负债与投资性负债。消费性负债主要是为了应对家庭日常消费和紧急预备金而进行的负债；投资性负债主要是家庭在进行房地产购买与投资、金融资产投资与实业投资过程中运用财务杠杆，以获取更高的效用与收益而进行的负债。

个人贷款的种类以贷款方式划分可以分为短期的信用贷款（信用卡、消费信贷）、资产质押贷款（存单质押、典当、保单质押）、长期的资产抵押贷款（住房抵押贷款、汽车抵押贷款）等。信用贷款以个人信用为背书，无须任何担保、抵押或质押品，即可申请获得的贷款，一般有短期和小额的特点；资产质押贷款是指以资产质押作为担保条件申请获得的贷款，存在质押物占有权发生转移的特点；资产抵押贷款是指抵押人（债务人）和债权人以书面形式订立约定，不转移抵押财产的占有权，通过将该财产作为债权的担保来获得的贷款，一般具有长期和大额的特点。

3. 住房抵押贷款有哪几种偿还方式？等额本息法与等额本金法二者在计算贷款利息时有何不同？

答：个人住房贷款有三种主要还款方式：一是一次性还清本息；二是等额本息法，就是每月以相等金额偿还本息，每次数额明确，便于购房者安排收支，适合未来收入稳定的购房者；三是等额本金法，就是每月等额偿还本金，利息按月计算，这种偿还方式的利息总额支出比前一种方法小，但前期还款压力较大。

等额本息还款法是基于复利计算得到的。计算中不仅包括应还的本金及产生的利息，也包括"利滚利"的成分。每月还款金额的计算公式如下：

$$月还款额 = \frac{借款金额 \times 月利率 \times (1+月利率)^{借款月数}}{(1+月利率)^{借款月数} - 1}$$

等额本金还款法的最大特点是每月还款中偿还的本金数是相等的，它等于贷款总额除以贷款期限（或总月数）。但是，每月偿还的利息则是随着本金的减少而减少的。因此，每月的还款金额是逐月减少的。每月本息还款额的计算公式如下：

$$月还款额 = \frac{贷款本金}{还款月数} + (贷款本金 - 已还贷款本金) \times 月利率$$

4. 如何进行个人信用评估？

答：征信活动主要有两类：一类是征信机构主动去调查被征信人的信用情况；另一类是依靠授信机构或者其他机构批量报送被征信人的信用情况。评估个人信用的具体流程如下：①制定数据采集计划。做到有的放矢，节约征信成本，提高征信效率。②采集数据。征信机构应依照计划开展采集数据工作，数据一般来源于已公开信息、征信机构内部存档资料、授信机构等专业机构提供的信息、被征信人主动提供的信息、征信机构正面或侧面了解到的信息。③数据分析。对原始征信数据进行分析，需要首先完成数据查证，以保证征信产品的真实性；然后进行信用评分，即运用先进的数据挖掘技术和统计分析方法，通过对个人的概况、信用历史记录、行为记录、交易记录等大量数据进行系统的分析，挖掘数据中蕴含的行为模式和信用特征，捕捉历史信息和未来信息表现之间的关系，以信用评分的形式对个人未来的某种信用表现做出综合评估。④形成信用报告。征信机构在生成信用报告时，必须贯彻客观性、全面性、隐私和商业秘密保护的可持续原则。

计算题

题干略。

（1）解：30年等于360个月，基准年利率折合为月利率时为 $5.39\% \div 12 = 0.449\%$，因此他每月还款的金额是

$$\frac{2\,000\,000 \times 0.449\% \times (1+0.449\%)^{360}}{(1+0.449\%)^{360} - 1} = 11\,215.64 \text{（元）}$$

答：每月还款额是 11 215.64 元。

（2）解：首月偿还本金 = $11\,215.64 - 2\,000\,000 \times 0.449\% = 2\,235.64$（元）

3 年内累计已偿还本金 = $\sum_{n=1}^{36} P_1 \times (1+i)^{n-1} = 87\,141.07$ 元，具体计算列表如下

期数	利息（剩余本金×月利率）	本金（月还贷额-当月利息）或首月本金×(1+月利率)$^{n-1}$
1	8 980（2 000 000×0.449%）	2 235.64
2	8 969.96((2 000 000-2 235.64)×0.449)	2 245.68
3	8 959.88	2 255.76
⋮	⋮	

还款 3 年后提前还款 50 万元，则此时已偿还本金总额 = $500\,000 + 87\,141.07 =$

587 141.07（元），剩余应还本金 = 2 000 000 − 584 617.78 = 1 412 858.93（元）

答：张先生该笔贷款的余额为 1 412 858.93 元。

（3）解：若保持原来 30 年借款期限不变，提前还款后未来每月等额本息还款金额为

$$月还款额 = \frac{借款金额 \times 月利率 \times (1+月利率)^{借款月数}}{(1+月利率)^{借款月数} - 1}$$

$$= \frac{1\,412\,858.93 \times 0.449\% \times (1+0.449\%)^{324}}{(1+0.449\%)^{324} - 1} = 8\,284（元）$$

若保持原来等额本息还款额不变，假设未来仍需还款的期限为 n 个月，则

$$11\,215.64 = \frac{1\,412\,858.93 \times 0.449\% \times (1+0.449\%)^n}{(1+0.449\%)^n - 1}$$

解得 $n = 186$ 个月，即还需要约 16 年才能还清。

答：提前还款后，若保持原来借款期限不变，未来每月还款的金额为 8 284 元。提前还款后，若保持原来等额本息还款额不变，则未来贷款还需 16 年才能还完。

案例讨论：某公司部门经理张先生的现金负债管理规划

题干略。

（1）根据张先生家庭的资产负债情况与现金收支情况制作资产负债表与现金收支表，然后完成本章和第二章涉及的家庭主要财务指标的计算，并判断张先生家的财务状况是否健康。

答：首先编制张先生家庭的资产负债表（见表 7-1）和家庭收入支出表（见表 7-2）。

表 7-1　当前张先生家庭的资产负债表　　　　　　　　　　　　　单位：万元

资产	金额	负债	金额
流动性资产：		住房贷款	120
现金	20		
定期存款（2%收益率）	50	净资产	1 220
国债（5%收益率）	30		
理财（5%收益率）	30		
股票（10%收益率）	40		
长期资产：			
住房（4%房价上涨）	680+400（投资性住房）		
汽车	30+60		
资产合计	1 340	负债与净资产合计	1 340

表 7-2 当前张先生家庭收入支出表　　　　　　　　　　单位：万元

收入	金额	支出	金额
张先生年工资收入	60	日常消费支出	36
年终奖	20	教育支出	9.8
张太太年工资收入	10.2	社交支出	6
房租收入	7.2	养车支出	4
投资性资产收入	8	旅游支出	10
		偿还贷款	8.6
		给父母的转移支出	3
		商业保险支出	8
		支出合计	85.4
收入合计	105.4	年度结余资金	20

其次，根据家庭财务报表进行家庭财务比率分析如下

负债资产比率＝负债/资产＝120/1 340＝8.955%（小于0.5，总杠杆水平较低）

流动性比率＝流动性资产/每月支出＝170/（85.4/12）＝23.888（大于6，流动性充足）

债务偿还收入比＝年负债偿还/年总可支配收入＝8.6/105.4＝8.16%（低于0.4，还款负担轻）

结余比率＝年结余资金/年税后收入＝20/105.4＝18.98%（0.1到0.3之间，结余比率合适）

投资与净资产比率＝投资性资产/净资产＝550/1 220＝45.08%（接近0.5，投资性资产比率合适）

财务自由比率＝财产性收入/消费性支出＝（50×2%＋60×5%＋40×10%＋7.2）/（85.4－8.6）＝19.79%（小于1，尚未实现财务自由）

总的来说，张先生家庭的财务状况总杠杆水平较低，还款负担较轻，流动性充足，结余比率与投资比率较为合适，财务状况良好，但尚未实现财务自由。

（2）根据张先生家的财富管理目标做出现金负债规划有效安排的具体方案。

答： 假设学费增长率为5%，房价增长率为4%，通货膨胀率为3%。再假定货币基金类产品平均投资回报率为2%，债权类产品与理财产品平均投资回报率为5%，股票类产品平均投资回报率为10%；收入增长率不考虑。根据以上假设，对张先生家庭的现金负债进行规划：

日常现金管理方面：张先生家庭原有现金20万元，无收益；定存50万元的收益率仅为2%，尚不能跑赢通货膨胀，实际收益率皆为负，可以考虑保留10万元短期银行存款或者货币资金作为家庭紧急预备金，并取得2%的收益，其余60万元转投收益率为5%的债权类产品或理财产品，提高收益率；每年的结余资金20万元，可以根据张先生家庭风险特征按比率增持中低风险的理财、债券产品、高风险股票的资产组合，

以获得更高收益并进行风险分散。

负债方面：由于家庭总杠杆水平低，并有一定结余，可以考虑增加负债，通过增加信用消费，降低资金成本，同时提高家庭资金流动性。

子女教育与婚房预算方面：8 年后的 60 万元教育支出为 4 年内分期给付，每年 15 万元可利用当期结余资金；12 年后 100 万元的教育支出估计为 2 年分期给付，可部分使用结余资金、已有金融资产，或用已有贷款结清住房申请抵押贷款，或使用保单质押申请贷款等方式进行给付和补充；20 年后 200 万元的孩子婚房首付预算可以通过售出一套已有房产的方式获得，且售出房产后的剩余款项可以为夫妻二人购买商业年金，为养老生活做好准备。

自测与拓展

题号	1	2	3	4	5	6	7	8	9	10
答案	AB	ABC	AC	ABCD	C	ABCD	AD	BCD	ABCD	BCD

第8章

家庭房地产投资规划

本章回顾

8.1 房地产资产概述

房地产是房产和地产的总称,包括土地和土地上永久建筑物及其所衍生的权利。房地产由于其位置的固定性和不可移动性,在经济学上又被称为不动产。按照用途来区分,房地产包括居住型房地产和商业型(也被称为收益型或非住宅类)房地产。

居住型房地产是指以满足人类居住为目的的土地及建筑物所组成的供人们日常生活居住的房屋及其权利。我国在房地产市场化进程中出现的居住型房地产类型有福利房(公房)、安居房、廉租房、公租房和商品房等。居住型房地产投资收益包括资产增值收入和租金收入(一般以增值收入为主),同时拥有自住功能,相对于商业地产而言风险较小。其投资要点需要考虑产品自身特征、区位条件(自然、交通、市政配套、环境条件等)、消费者偏好、经济发展趋势、人口趋势和城市规划趋势等。

商业型房地产广义上是指用于商业用途或者具备商业功能的地产,也称商用、经营性房地产,狭义上是指用于各种零售、餐饮、娱乐、健身服务、休闲等经营用途的房地产。在国外,商业型房地产也被称为零售地产。商业型房地产是一种综合体,具有房地产、商业与投资的三重特性,其中商业属性是商业型房地产的本质。商业型房地产投资主要通过租赁运营获得长期回报,追求物业的使用价值和价值增值,其投资收益主要体现在租金收入,与承租者的商业经营业绩紧密相关,投资风险较大。商业型房地产的投资需要关注城市与区位本身的经济发展,租户、商户等第三方的运营情况及盈利模式等。

房屋作为土地的附属品,其价格是建筑物价格和土地价格的统一。房地产的市场价格可以依据市场供求决定理论和生产成本加成决定理论进行定价。在中国商品房市场,流传着"房地产长期看人口,中期看土地,短期看金融,金融是杠杆,土地是供给,人才是房地产最根本的需求"的说法。影响房地产需求的主要因素有收入水平、购房者的偏好、对房价的预期、人口规模;影响房地产供给的因素主要有开发成本、开发技术水平、对未来房价的预期、开发用地供给;另外,金融政策、宏观调控的政策措施与监管规定都将影响房地产市场的供求,如中国政府为抑制房市投机、遏制房价过快上涨采取的一系列措施:限购、收紧信贷、加息、增大土地和住房供应、提高首付、减少优惠、增加税收、加快保障安居工程建设和加强市场监管等。房地产投资具有其特殊性,具体表现为其区位特殊性、投资门槛高、通胀抵御性较好、投资收益不确定性大、变现成本高和投资周期长等。

8.2 房地产投资与家庭财富管理

房地产资产兼具消费品属性与投资品属性,给家庭带来居住效用和财富效用。将房地产资产引入家庭效用函数后,家庭总效用分为三个部分:其他消费品带来的效用、非房产的财富效用和房产的财富效用、房地产资产所带来的效用。引入房地产后的家庭最优资产配置问题可以表示为:

$$\max \sum_{t=s}^{T-1} \beta^t u(c, A, B, H) \text{ 其中}, u(c, A, B, H) = [\ln c + \ln(A+B)] + \ln H \cdot f(\overline{H})$$

$$\text{s.t. } A_{t+1} = y_t - h - c_t + A_t(1+r), \text{ 其中}, \text{每期还款 } h = \alpha p_s H, \alpha = \frac{\eta r_b (1+r_b)^n}{(1+r_b)^n - 1}$$

对于非自住房产资产,其效用函数中的第二项 $\ln H \cdot f(\overline{H})$ 等于 0。具体字母含义请参见主教材对应章节。

对于普通家庭而言，房产是家庭的重大资产，关于房地产配置决策涉及三种可能：一是住房面积的选择；二是买房与租房的选择；三是换房时机的选择。①关于买多大面积（H）住房的购房决策需要在考虑居住的舒适度和生活的便利度的同时，也要考虑贷款买房所带来的还款负担是否会对家庭消费带来冲击，降低家庭生活质量，并对二者予以利弊权衡。②关于买房与租房的选择主要考虑二者年成本的对比，租房年成本＝押金×机会成本率＋年租金＋物业与其他费用；购房年成本＝购置房屋（包括价格和税金）的年金成本＋使用房屋的年成本（维护费＋物业与其他费用）－房屋年价值增值，若只考虑获得房产后的使用效用，由于二者使用效用相同，一般选择年成本更小的房产获得方式。实际决策过程中，还需要比较更多利弊因素：购房还有利用杠杆增加财富效应、可根据自己喜好装修房屋、可强制储蓄积累财富等好处，也存在或然损失风险、价格下降风险、维护成本高和家庭流动性减少等不利之处；租房有节约成本、减少房产各项持有风险等好处，但也会存在非自愿搬离、房租上升等不确定性。③关于换房决策，换房时机的选择与家庭经济能力、家庭实际需求、市场条件有关，其中最主要的是受家庭经济能力影响。一般而言，筹集到购置新房的首付款后，即可换房。需筹首付款＝新房净值（新房总价－新房贷款）－旧房净值（旧房总价－旧房贷款）。

8.3 房地产金融资产投资与财富管理

房地产金融资产投资，是指投资者将资金投入与房地产相关的资本市场。主要包括购买房地产企业的债券或股票、购买房地产投资信托公司的受益凭证或股票、购买住房抵押支持证券。房地产投资具有投资周期长、资金需求大、流动性较低等特点，导致准入门槛高，但其投资收益较高且抗通胀能力强，因而对投资者具有很高的吸引力。房地产金融资产的投资能够有效解决投资门槛高的问题，将资金规模大、流动性低的房地产资产以小额的标准化金融资产的形式向投资者出售，可增强资产流动性、提高房地产市场投资的参与率、拓宽房产投资的退出机制，还可以有效分散房地产投资的风险。

目前房地产金融资产类型有两种：一是以住房抵押支持债券为代表的固定收益类资产，二是以房地产信托投资基金为代表的权益类资产。

关键概念与概念理解

关键概念	概念理解
房地产	土地和土地上的永久建筑物及其所衍生的权利
商业地产	用于商业用途或具备商业功能的地产
房地产投资	具有周期长、资金需求大、流动性低、抗通胀等特点
资产证券化	将流动性差的资产打包后以标准化份额向市场投资者出售
房地产金融	与房地产相关的资本市场的金融
房地产信托投资基金	将集合资金投资于房地产投资经营管理，获利后分利给投资者
住房抵押贷款证券化	将住房抵押贷款打包后转化为标准化证券资产

思考习题

1. 居住型房地产与商业型房地产有何异同？
2. 房地产资产与金融资产的区别与联系有哪些？
3. 在家庭资产配置中，如何配置房地产资产？
4. 何谓房地产抵押贷款？其基本特征和主要作用有哪些？
5. 什么是住房抵押贷款证券化？它的推行有何意义？
6. 住房抵押贷款证券化的运作过程是怎样的？其主要参与者有哪些？
7. 房地产信托投资基金有哪些特点？

计算题

1. 一笔 20 年期的等额本息的住房抵押贷款，其本金为 30 万元，假设贷款年利率 6%，该贷款的每月偿还额为多少？若购房人计划在第 5 年末提前清偿部分贷款，届时该抵押贷款的贷款余额为多少？

2. 小张看上了一处位于广州珠江新城附近新盖好的 70 平方米的房子，房屋可租可售。如果租用，房租每月 5 500 元，押金一个月房租；如果购买，总价 120 万元，可申请60万元、利率6%的商业贷款，首付60万元。假设房屋的维护成本是5 000元/年。押金和首付款的机会成本均为3%，试求解租房与购房的成本？假设小张所购买的房屋价格年均增长3%，小张购房的成本有什么变化？假设由于房地产市场受到冲击年均下跌3%，购房的成本有什么变化？

案例讨论：购房还是租房的决策选择及计算

1. 案例背景

假设小李大学毕业后在某二线城市工作，准备和相恋多年的女友小张成家，并计划购买或租一套100平方米的小三居作为婚房，小两口目前非常纠结是选择购房还是选择租房。

2. 假设条件

（1）该二线城市商品房均价为1.5万/平方米，房屋实际使用年限为50年，年平均折旧率为2%；假设小李购买的是首套房，首付款占总价20%（即30万元），申请八成20年期（共240个月）个人住房贷款，采用等额本息还款法，年利率4.9%，再假设100平方米的三居室月平均租金为2 500元。为了便于计算，假设除房价和租金之外的水电费、物业管理费、卫生费等费用均不计入；在基准问题下，不考虑物价指数的变化，假设房价、房租和贷款利率也不发生变化。

（2）购房者须缴纳的税费：a. 包括签订预售合同时需要缴纳的税费。这其中包括：印花税，税率为1‰，计税前提为签署房屋预售合同，买卖双方各0.5‰。公证费，费率为房款的3‰，计费前提为合同公证之时，缴纳人为买受人。律师费，费率为房款的2.5‰～4‰（这里假设为2.5‰），计费前提为签署房屋预售合同时缴纳人为买受人。b. 签订购房合同时需缴纳的税费。这其中包括：房屋买卖手续费，120平方米以下1 000元，120平方米以上3 000元，买卖双方各负担一半。契税，购买房屋金额的1%。买受人负担。c. 申办产权证过程中需缴纳的税费。这其中包括：房屋产权登记费，0.3元/平方米（建筑面积）。土地使用权登记费，0.13～0.3元/平方米（占地面积）。房屋所有权证，4元/件。房屋所有权证印花税，5元/件。国有土地所有证，20元/件。

（3）假设在选择租房的时候，节省下来的首付与需要缴纳的税费以购买年收益率为4%的理财产品作为长期投资，每个月节省下来的资金（还贷与房租之差）在每年底也以购买年收益率为4%的理财产品作为长期投资。

3. 案例问题

（1）在房价上涨率平均每年为3%的假设下，根据前面假设试计算20年以后该房的价值与通过租房节省下来的资金投资后的价值，然后得出结论，购房与租房哪个更加划算？

（2）根据前面假设，试计算购房与租房成本无差异时候的租房价格。

（3）当抵押贷款利息率下降为4%的时候，其他假设条件不变，试计算通过租房节省下来的资金投资后的价值，然后得出结论，购房与租房哪个更加划算？

（4）当理财产品的年收益率由4%下降到3%，而房价上涨率提升到4%，其他假设条件均不变，试计算通过租房节省下来的资金投资后的价值，然后得出结论，购房与租房哪个更加划算？

（5）如果首付比例上升为50%，同时房价年上涨率为4%，而租房的月租金由前述假设的2 500元上升为4 000元，同时房租年上涨率为3%，其他假设条件均不变，试计算20年以后购房的价值与通过租房节省下来的资金投资后的价值，然后得出结论，购房与租房哪个更加划算？

自测与拓展

1. 以下说法中，属于所有房地产资产特点的是（　　）。

   A. 提供商业经营与公共服务空间，与城市发展关联性极强

   B. 具有很强的区位特殊性

   C. 投资门槛高，周期长，投资风险较大

   D. 通胀抵御性好

2. 以下关于影响房地产市场供求的因素的说法正确的是（　　）。

   A. 人口总量和结构的变化以及家庭结构的变迁都会影响房地产市场的需求

   B. 成本因素尤其是土地成本因素是房地产供给的基础因素

   C. 城市化进程的加速将增加中心城市房地产市场的需求

   D. 金融市场产品的丰富程度提高及交易成本的降低将有效降低居民投资对房地产的

依赖

3. 房地产投资的风险管理措施有（　　）。

   A. 为房地产资产购买财产保险以防范或然损失风险

   B. 构建房地产组合进行分散投资以降低房地产投资的非系统风险

   C. 构建房地产组合进行分散以降低房地产投资的系统风险

   D. 为房地产资产购买保险以防范其周期风险

4. 关于居住型房地产的投资，以下说法正确的是（　　）。

   A. 居住型房地产投资的风险要大于商业型房地产投资

   B. 居住型房地产的居住属性包含其使用房屋的舒适性和便利性

   C. 居住型投资收益主要来自商户的经营收入与房产价差收益

   D. 居住型房地产兼具居住属性和投资属性

5. 关于租房与买房优点和缺点，以下说法正确的是（　　）。

   A. 租房可能导致非自愿搬离

   B. 租房可以借助金融杠杆获取房价上升的收益

   C. 买房具有强制储蓄功能

   D. 租房不能抵御通胀风险

6. 以下金融产品中，属于房地产金融投资基础产品的是（　　）。

   A. 房地产行业上市公司的股票　　B. 房地产企业债券

   C. 住房抵押支持证券　　　　　　D. 房地产投资信托基金

7. 关于住房抵押支持证券，以下说法正确的是（　　）。

   A. 可以有效地增加银行的融资规模，提高资产流动性

   B. 对房地产一级市场的发展具有促进作用

   C. 是以发行股票和收益凭证的方式，汇集众多投资者资金，将投资综合收益分配给投资者的金融产品

   D. 降低了投资者进入房地产市场的投资门槛

8. 房地产信托投资基金的市场参与主体有（　　）。

   A. 投资者　　　　　　　　　　　B. 投资基金管理公司

C. 房地产资产管理公司　　　　　　D. 信托人

9. 与金融资产投资相比，房地产投资的特点有（　　）。

A. 抗通胀能力强　　　　　　　　　B. 流动性较强

C. 投资门槛高　　　　　　　　　　D. 杠杆融资的成本更高

10. 其他条件相同时，下列关于等额本息还款法和等额本金还款法描述正确的是（　　）。

A. 等额本息还款法比等额本金还款法的总利息多

B. 等额本息还款法适合有稳定现金流的购房者，等额本金还款法适合前期还款能力较强的购房者

C. 与等额本息还款法相比，等额本金还款法前期还款负担较轻，后期负担较重

D. 等额本息还款法第一期还款利息比等额本金还款法第一期还款利息要多

参考答案

思考习题

1. 居住型房地产与商业型房地产有何异同？

答：居住型房地产是指以满足人类居住为目的的土地及建筑物所组成的供人们日常生活居住的房屋及其权利；商业型房地产广义上是指用于商业用途或者具备商业功能的地产，也称商用、经营性房地产。

与居住型房地产相比，商业型房地产的差别主要体现在：一是提供商业经营和公共服务空间，适应多样化的用途，具有较强的经济、社会和审美的功能；二是主要满足经营需求，在物业、区位、设施等方面有相应的要求；三是作为商业服务业的生产资料，具有较强的投资性，其价值取决于所经营的行业与经营能力；四是与城市发展关联极强，并与其他房地产类型具有较强的互补性。

2. 房地产资产与金融资产的区别与联系有哪些？

答：房地产资产与金融资产在流动性、安全性、收益性和投资期限等方面存在一定差异，且房地产投资还会受到房地产本身和房地产市场特性的影响，使得房地产资产投资与其他类型的家庭投资（储蓄、股票、债券、外汇、大宗商品）相比，具有一

定的差异，具体如表 8-1 所示。

表 8-1　房地产资产与金融资产比较

资产类型	收益性	风险性	流动性	便利性	专业性	基本特征
房地产	中	中	低	低	中	抗通胀能力强，门槛高，变现能力差、适合中长期投资
银行存款	低	低	高	高	低	收益低，几乎没有风险，流动性强
股票	高	高	高	高	中	投资门槛低，需要一定专业知识，有一定风险，适合各类投资者
债券	低	低	高	高	低	利率高于储蓄，有一定风险，门槛较低，适合各类投资者
外汇	高	高	高	中	高	投资金额大，需要专门知识，带有一定杠杆，风险较高，仅适合专业投资者
大宗产品	中	中	高	高	高	保值但是不带来现金流，仅依靠资本利得获利，投资金额大，需要专门知识
期货	高	高	高	中	高	以小博大，需要专门知识，带有一定杠杆，风险较高，仅适合专业投资者

3. 在家庭资产配置中，如何配置房地产资产？

答：对于一般家庭而言，房地产资产作为重要的家庭资产，一方面可以提供居住的便利，另一方面则是能起到资产的保值增值的效果。家庭在进行资产配置过程中，应根据房地产资产与其他资产的积累情况进行分配，同时要兼顾房贷对家庭消费的冲击和影响。

投资房地产资产会增加家庭的房贷支出并减少非房地产资产的积累速度，但投资房地产资产会给家庭带来拥有房地产资产后居住上的便利，以及房地产资产升值的财富积累。如果是自住商品房的配置，其同时具有消费品和投资品的属性，故家庭在做出购房决策时既要考虑房产内部质量与周边环境所带来的居住效用提升，还要重视未来房价变化引起的房产收益的变化。

对于有多套房的家庭而言，由于非自住房产不再提供居住服务，是纯投资品，这时房产投资与其他大类资产投资类似，都在每期提供一定的现金流，同时资产价值也发生变化，为投资者带来持有收益和资本利得，购房决策时应考虑其收益性、风险性和流动性。

4. 何谓房地产抵押贷款？其基本特征和主要作用有哪些？

答：房地产抵押贷款，是指以借款人或第三人拥有的房地产为抵押物，向金融机构申请的长期贷款，并承诺定期偿付贷款本息。当借款人违约时，贷款人有权取消借款人对抵押房地产的赎回权,并将抵押房地产拍卖,从中获得补偿。

房地产抵押贷款的基本特点是:它是以抵押物的抵押为前提而建立的信贷关系。

房地产抵押贷款的作用主要表现为:①保障房地产开发经营企业的资金回流,增强房地产开发经营企业的经济实力,促进房地产业的发展。②增强工薪阶层的购房能力,促进住房自有化和房地产消费市场的发展。③发挥强制储蓄功能,调节居民消费行为,促进经济的平衡发展。④确保银行贷款的安全,保障银行贷款效益,促进房地产金融的发展。

5. 什么是住房抵押贷款证券化?它的推行有何意义?

答:住房抵押贷款证券化的实质就是将原先不易被投资者接受的缺乏流动性但能够产生可预见现金流的资产转换为可以自由流通、能被广大投资者所接受的标准化证券资产,从而为金融机构开辟一条理想的融资渠道。

住房抵押贷款证券化的作用具体表现为:①可以为银行有效地分散和转移风险。以住房抵押贷款为担保发行抵押证券后,原来集中在银行的抵押贷款资产,变为资本市场上很多投资人持有的抵押债券,这样就使商业银行持有房屋抵押贷款资产的风险相应分散。而且,从证券化产品的风险角度看,由于抵押证券以一组抵押贷款的投资组合为抵押,个别违约风险被分散,投资的有效收益能够得到更大的保障。②可以提高资产的流动性。原来集中在商业银行的抵押贷款资产不具备流动性或流动性极低,证券化后成为标准化证券资产可以投放二级交易市场;同时通过二级市场交易打破抵押资金的地域限制,使得抵押资金得以在全国范围内流动,平衡地区经济发展不平衡而引起的抵押贷款利率的高低不平,使之平均化和市场化。③可以积极促进抵押贷款一级市场的发展。推行抵押贷款证券化,增加银行资产流动性后,银行可扩大住房抵押贷款规模。对购房人来说,不会因为借款资金短缺的瓶颈抑制而推迟购房意愿;而房地产开发商也将有更多机会出售他们已建成和即将建成的楼盘,由此形成的良性循环,可促进房地产一级市场的发展。

6. 住房抵押贷款证券化的运作过程是怎样的?其主要参与者有哪些?

答:在住房抵押贷款证券化的过程中,金融机构(主要是商业银行)将持有的流动性较差但具有未来现金流收入的住房抵押贷款汇聚重组为抵押贷款群组,由证券化机构购入,经过担保或信用增级后以证券的形式出售给投资者。借款人每月的还款现金流,是该证券的收益来源。

住房抵押贷款证券的主要参与者包括发起人(通常是商业银行)、特定交易机构

(SPV)、受托机构、信用增级机构和信用评级机构、市场投资者。

7. 房地产信托投资基金有哪些特点？

答：房地产信托投资基金（REITs）的特点：①流动性好。REITs将完整物业资产分成相对较小的单位，并可以在公开市场上市或流通，降低了投资者门槛，并拓宽了地产投资退出机制。②具有资产组合的功能。REITs大部分资金用于购买并持有能产生稳定现金流的物业资产，如写字楼、商业零售、酒店、公寓、工业地产等。③具有较好的管理手段和完善的公司治理结构。公开交易的REITs大多为主动管理型公司，积极参与物业的经营全过程，并且和上市公司一样拥有完整的公司治理结构。④收益分配程度高。REITs一般将绝大部分收益（通常为90%以上）分配给投资者，长期回报率高，与股市、债市的相关性较低。不过，对部分投资者而言，最重要的一点是其本身具有税收中性，不会因为REITs本身的结构带来新的税收负担，而且部分国家和地区还给予REITs产品一定的税收优惠。

计算题

题干略。

1. 答：利用财务计算器，输入 300 000，PV；6，I/YR；240，N。得到每月偿还额为 2 149.42 元；或者使用现值与年金转换公式进行计算：$300\,000 = A\left[\dfrac{1}{0.5\%} - \dfrac{1}{0.5\%\,(1+0.5\%)^{240}}\right]$，则 $A = 2\,149.42$（元）。即每月偿还额为 2 149.42 元。

第一期利息为 $300\,000 \times 0.5\% = 1\,500$（元），第一期本金为 $P_1 = 2\,149.42 - 1\,500 = 649.42$（元），$r$ 为月度利率 0.5%，则五年末已偿还本金为 $P = \sum\limits_{i=0}^{59} P_1(1+r)^i = 45\,310.05$（元），剩余本金为 $300\,000 - 45\,310.05 = 254\,689.95$（元）。即贷款余额为 254 689.95 元。

题干略。

2. 答：(1) 租房年成本：$5\,500 \times 12 + 5\,500 \times 1 \times 3\% = 66\,165$（元）；

购房年成本：$600\,000 \times 3\% + 600\,000 \times 6\% + 5\,000 = 59\,000$（元）；购房年成本更小，应该购房。

(2) 购房年成本：$600\,000 \times 3\% + 600\,000 \times 6\% + 5\,000 - 1\,200\,000 \times 3\% = 23\,000$（元）。

(3) 购房年成本：$600\,000 \times 3\% + 600\,000 \times 6\% + 5\,000 + 1\,200\,000 \times 3\% = 95\,000$（元）。

注：此题没有给出关于住房使用寿命期和贷款期限，为简便起见，我们假设 120 万元资金与房产等价，故仅考虑资金使用成本（包括机会成本和借款利息），未将购房本金 120 万元做年金化处理。

案例讨论：购房还是租房的决策选择及计算

题干略。

（1）由假设条件可以知道，该物业总价值为 150 万元（房价＝15 000 元/平方米×100 平方米＝1 500 000 元）。购房者所要承担的税费总和 24 574 元。

商品房总价 150 万元，小李购买的是首套房，首付款占总价的 20%（30 万元），申请八成 20 年期（240 个月）个人住房贷款；采用等额本息还款法，年利率采用 4.9%。通过房贷计算器可得 120 万贷款，20 年期的等额本息贷款，月均还款额为 7 853.3 元。

住房使用年限为 50 年，按照平均年限折旧法，年折旧率为 2%；假设 20 年的年平均房价增长率为 3%。现在所购的价值 150 万的房产在 20 年后的价值为：

$$1\ 500\ 000 \times [(1+0.03) \times (1-0.02)]^{20} = 1\ 808\ 661.4\ (元)$$

租房的月平均租金为 2 500 元，贷款买房的话每月偿还贷款 7 853.3 元，若是租房，每月节省贷款 5 353.3 元。

假设在选择租房的时候，节省下来的首付与需要交纳的税费以购买年收益率为 4% 的理财产品作为长期投资，每个月节省下来的资金（还贷与房租之差）在每年底也以购买年收益率为 4% 的理财产品作为长期投资。则 20 年后的价值为：

首付与需交纳税费（按照复利）20 年后的价值为：$324\ 574 \times (1+0.04)^{20} = 711\ 181.6\ (元)$

每个月节省下来的资金（还贷与房租之差）在每年底也以购买年收益率为 4% 的理财产品作为长期投资，其终值为：$5\ 353.3 \times [(1+0.04)^{19} - 1] / 0.04 = 1\ 777\ 588.7\ (元)$；若租房节省下来的资金用于金融投资 20 年后的价值为：$1\ 777\ 588.7 + 711\ 181.6 = 2\ 488\ 770.3\ (元)$

由此可见，租房比购房要划算。

（2）假设购房者租住该套物业月租金为 rent 元。租房和贷款买房（20 年期）相比，首付款节省 324 574 元，每个月节省（7 853.3－rent）元。

首付与需要缴纳的税费（按照复利）20 年后的价值为 711 181.6 元。每个月节省下来的资金（还贷与房租之差）在每年底也以购买年收益率为 4% 的理财产品作为长期

投资，其终值为

$$FVA = 12 \times (7\,853.3 - \text{rent}) \times [(1+0.04)^{19} - 1]/0.04 = (7\,853.3 - \text{rent}) \times 332.05$$

则租房比贷款买房节约下来的钱在 20 年后的价值为

$$711\,181.6 + (7\,853.3 - \text{rent}) \times 332.05$$

若假设购房者买房和租房的成本是无差别的，则

$$711\,181.6 + (7\,853.3 - \text{rent}) \times 332.05 = 1\,808\,661.4\ （元）$$

可以得到 rent 为 4 548.1（元/月）

即购房与租房成本无差异时候的每个月租房价格为 4 548.1 元。

（3）若抵押贷款利息率下降为 4%，那 20 年期的等额本息贷款，月均还款额为 7 271.7 元。平均租金为 2 500 元，若是租房，每月节省贷款 4 771.7 元。首付与需要缴纳的税费（按照复利）20 年后的价值不变，仍为 711 181.6 元。每个月节省下来的资金（还贷与房租之差）在每年底也以购买年收益率为 4% 的理财产品作为长期投资，其终值为

$$4\,771.7 \times [(1+0.04)^{19} - 1]/0.04 = 1\,584\,465.7\ （元）$$

此时租房节省下来的资金用于金融投资 20 年后的价值为

$$1\,584\,465.7 + 711\,181.6 = 2\,295\,647.3\ （元）$$

由此可见，仍然是租房比购房要划算。

（4）当理财产品的年收益率由 4% 下降到 3%，首付与需要缴纳的税费（按照复利）20 年后的价值为：$324\,574 \times (1+0.03)^{20} = 586\,216.7$（元）

每个月节省下来的资金在每年底也以购买年收益率为 3% 的理财产品作为长期投资，其终值为 1 438 201.9 元。

此时租房节省下来的资金用于金融投资 20 年后的价值为

$$586\,216.7 + 1\,438\,201.9 = 2\,024\,418.9\ （元）$$

而房产的价值为 $1\,500\,000 \times [(1+0.04) \times (1-0.02)]^{20} = 2\,194\,216.9$（元）。

由此可见，此时购房比租房要划算。

（5）如果首付比例上升为 50%，同时房价年上涨率为 4%，那贷款金额为 75 万元，每月还贷金额为 4 908.3 元。住房使用年限为 50 年，按照平均年限折旧法，年折旧为 2%；假设 20 年的年平均房价增长率为 3%。现在所购的价值 150 万元的房产在 20 年后的价值为

$$1\,500\,000 \times [(1+0.04) \times (1-0.02)]^{20} = 2\,194\,216.9\ （元）$$

如果房租为 4 000 元/月，同时房价年上涨率为 4%，每个月节省下来的资金（还贷与房租之差）在每年底也以购买年收益率为 4%的理财产品作为长期投资；但如果房租价格超过房贷价格时，他将动用已有的资产缴纳房租（即其用于缴纳房租款项的机会成本也是 4%）。由于在第 8 年时，房租上涨为 4 919.5 元/月，已经超过每月还贷金额 4 908.3 元，那么这一部分价值的终值为-121 788.2 元。

首付与需要缴纳的税费（按照复利）20 年后的价值为

$$774\ 574 \times (1+0.04)^{20} = 1\ 697\ 187.0\ （元）$$

此时，租房的整体收益为：1 697 187.0-121 788.2=1 575 398.8（元）

由此可见，此时购房仍然比租房要划算。

自测与拓展

题号	1	2	3	4	5	6	7	8	9	10
答案	BCD	ABCD	AB	BD	ACD	AB	ABD	ABCD	AC	AB

第 9 章 家庭保险规划

本章回顾

9.1 家庭风险与保险

损失的不确定性即为风险。厌恶风险是理性经济人的基本特征,为家庭提供风险管理服务是财富管理的重要职能。家庭风险管理的基本流程包括家庭风险识别、家庭风险衡量、家庭风险管理措施的选择、家庭风险管理的效果评价、反馈与调整等。一般而言,个人和家庭存在如下风险:家庭经济支柱早逝的风险、家族成员的残疾风险、家庭成员罹患严重疾病风险、家庭成员长寿风险、家庭成员的意外伤害风险和家庭财产损失风险等。家庭风险管理措施包括风险控制措施和风险融资措施。其中:风险控制措施是指对于风险可控的活动采取主动放弃或改变该项风险活动,包括风险回避、损失控制、风险隔离和控制型风险转移;风险融资措施是指对无法控制的风险做出财务安排,包括风险自留和融资型(财务型)风险转移,对于家庭风险来说,融资型风险转移措施主要是保险。

保险规划是家庭财富管理的重要内容,是保证家庭财务安全的重要工具,是家庭财富管理的"压舱石"。保险具有经济补偿与给付、协助家庭防灾减损和投资理财等功能。家庭保险规划包括社会保险和商业保险规划。其中社会保险是国家提供的基本保障,由于其基本性特征,仅仅拥有社会保险是远远不够的,还需要在已有社会保险的基础上进行商业保险规划作为补充。

9.2 社会保险

社会保险是国家通过立法采取强制手段建立的保险计划。《中华人民共和国社会保险法》第二条规定:"国家建立基本养老保险、基本医疗保险、工伤保险、失业保险、生育保险等社会保险制度,保障公民在年老、疾病、工伤、失业、生育等情况下依法从国家和社会获得物质帮助的权利。"①基本养老保险是为解决劳动者在达到国家规定的解除劳动义务的劳动年龄界限,或因年老丧失劳动能力退出劳动岗位后的基本生活而建立的一种社会保险制度。我国的基本养老保险制度包括企业职工基本养老保险制度和城乡居民社会养老保险制度。②基本医疗保险是为补充劳动者和其他居民因疾病风险造成的经济损失而建立的一种社会保险制度。我国目前的基本医疗保险制度主要包括城镇职工基本医疗保险、城乡居民基本医疗保险和公费医疗保险制度。③工伤保险是指国家和社会为在生产、工作中遭受事故伤害和患职业性疾病的劳动者及亲属提供医疗救治、生活保障、经济补偿、医疗和职业康复等物质帮助的一种社会保障制度。④失业保险是指国家通过立法强制实行的,由社会集中建立基金,对因失业而暂时中断生活来源的劳动者提供物质帮助的制度。⑤生育保险是国家通过立法,对怀孕、分娩的女职工给予生活保障和物质帮助的一项社会政策。其宗旨在于通过向职业妇女提供生育津贴、医疗服务和产假,帮助她们恢复劳动能力,重返工作岗位。

9.3 商业保险

商业保险的购买以保险合同的形式呈现。保险合同是商业保险中投保人或被保险人与保险公司约定权利义务关系的协议。它是保险当事人双方的法律行为,当双方意思表示一致时,保险合同即成立,在满足一定条件之后,保险合同即具有法律效力。保险合同是一种法律合同,具有一般法律合同的特征,又由于保险标的的特殊性,还具有一些不同于一般法律合同的特点,主要体现在:保险合同是非要式合同,大多是附和性合同，是有偿合同，是双务合同，是最大诚信合同。

根据保险标的的不同，商业保险分为人身保险和家庭财产保险。家庭成员的人身风险是指在日常活动中生命或身体遭受各种形式的损害及其引起的损失，包括死亡、伤残、疾病、生育、年老等，这些风险会导致家庭收入的终止或减少、家庭支出和机会成本的增加。人身保险包括覆盖死亡风险的人寿保险、覆盖长寿风险的年金保险、覆盖疾病风险的健康保险和覆盖人身意外风险的意外伤害保险。家庭财产保险的保险责任主要包括火灾、水灾、雷击、风暴、地震、海啸等自然灾害和意外事故造成的保险财产的实际损失，或为防止灾害蔓延发生的施救、抢救费用及其他合理费用。

9.4 家庭保险规划

家庭保险规划的基本原则是转移风险的原则和量力而行的原则，其具体程序包括收集家庭相关信息、分析信息并评估家庭风险与风险管理现状、制定新的风险管理策略并综合评估整理等几个环节。家庭保险规划的组织实施（购买保险）的基本步骤包括确定保险标的、选择保险产品、确定保险金额、明确保险期限和选择合适的保险公司。

家庭保险规划中需要关注两个重点，一是生命周期不同阶段规划的差异性，二是收入和财富阶层之间规划的差异性。生命周期规划的差异性具体是指，在不同的生命周期阶段（个人探索期、建立家庭初期、家庭稳定期、家庭维持期、空巢期和养老期），保险规划的重点有所不同。通常，在个人探索期可以以父母为受益人购买定期寿险或意外伤害险；在赡养和抚育的经济负担较重阶段，重点购买人寿保险和意外险；在家庭维持期和空巢期需要重点购买健康险；退休前后则重点购买年金险。另外，不同收入和财富水平的家庭其保险规划的重点也有所不同。富裕阶层家庭主要应考虑保额较高的定期保障型寿险、意外险、健康险、终身寿险；高收入家庭主要考虑养老保险、终身寿险、健康保险、投连与分红保险、意外险等；中低收入家庭主要考虑定期保障型保险、健康保险、医疗保险、分红保险、储蓄保险等。

关键概念与概念理解

关键概念	概念理解
风险	由不确定性引起损失的可能性
家庭风险管理	对家庭内人身、财产与责任所面临的风险进行控制与融资的活动
保险	是以订立保险合同的方式转移风险、减少自身风险损失的手段
人寿与健康保险	是以身体作为保险标的，减少死亡和疾病带来的经济损失的保险
年金保险	是为了应对长寿风险发生时弥补收入不足的保险
财产与责任保险	是以财产与责任为标的的保险
社会保险	是国家通过立法强制执行的保险计划，具有基础性特征
保险规划	是生命周期内为保障家庭财务安全所做的财富管理规划

思考习题

1. 站在家庭财富管理的角度，请问你如何理解家庭风险？在不同的应用场景，家庭风险的定义有何区别？

2. 家庭风险管理的流程有哪些？参加了社会保险还需要购买商业保险吗？如何理解社会保险和商业保险的关系？

3. 人身保险规划是家庭保险规划的重要内容，市场上的人身保险产品琳琅满目，购买时让人感觉无从下手。近年来，新型寿险发展迅速，新型寿险产品和传统寿险产品具有哪些区别？

4. 家庭保险规划需要注意哪些方面，需要提前做哪些准备工作？

案例讨论：私营小企业主的家庭保险规划

1. 案例背景

胡先生今年 55 岁，是一家公司的老板。公司主要经营建材生意，每年营业额在

3 000 万元左右，利润在 200 万元左右，公司目前雇用了 20 名左右的员工。胡先生一家四口，胡太太 48 岁，是全职太太，女儿今年 22 岁，在自家公司做财务，儿子今年 18 岁，还在上高中。胡先生的父亲去世得早，母亲原先在家务农，后来进城帮胡先生带小孩和做家务，一直跟着胡先生生活，目前已经 80 岁，身体尚可。

胡先生自己早期购买了一套别墅自住，后来又投资了一套商品房出租，房产价值共 1 500 万元左右，贷款均已还清，银行存款 800 万元。除了日常生活开支以及购买了银行理财产品以外，胡先生没有其他的金融资产投资。胡太太早期和胡先生一起创业，在公司逐渐走上正轨后，胡太太退出公司的日常管理，专门料理家务和照顾家中的老人与小孩。胡先生平时工作很忙，有轻微的糖尿病。近年来，胡先生考虑要慢慢退出公司的管理层，并考虑为自己和家人购买保险。

2. 假设条件

胡先生的家庭财务状况较好，开支较大，每年各项生活开支大约 100 万元。胡先生计划为儿子准备 200 万元出国留学基金，为女儿预留 500 万元的婚嫁金。胡先生自己参加了社会保险，但是胡太太没有购买任何保险。胡先生和胡太太计划购买终身年金险，并于胡先生 60 周岁时开始给付，目标年金给付额为每年 30 万元，此外每年还需要预留 10 万元。

根据胡先生家庭和社会经济发展的情况，对市场利率、通货膨胀率等参数做如下假设：①年均积累利率为 4%；②年均通货膨胀率为 3%；③年均工资增长率为 5%；④每年目标收入随通货膨胀率而同步增加。

3. 客户财富管理目标

胡先生计划近两年内以租赁或者整体出售公司的形式退出公司日常经营，预计退出后每年可获得固定的租金收入 60 万元。胡先生希望能够为家人提供一份综合保险规划方案。

4. 案例问题

（1）胡先生各个家庭成员分别需要哪些保险保障？如何在现有的社会保障基础上优化家庭的保险规划？

（2）胡先生各个家庭成员购买保险产品的保险金额如何确定？

（3）根据目前胡先生家庭的收入支出情况和未来的财富管理目标，作为财富管理规划师，你可以为胡先生提出哪些财富管理的建议？

自测与拓展

1. 关于风险的定义，以下提法中在保险市场实务中与保费相关的是（　　）。

   A. 风险是损失的不确定性

   B. 风险是实际发生结果与预期结果之间的偏离程度

   C. 风险是可能的损失程度

   D. 风险是期望损失

2. 以下说法中，体现了风险管理对家庭财富管理的重要性的有（　　）。

   A. 能够降低风险事件的发生概率　　B. 能够提高家庭资产配置收益

   C. 能够降低家庭获取保障的费用　　D. 能够降低预期损失

3. 风险控制的主要措施有（　　）。

   A. 风险回避

   B. 损失控制

   C. 风险隔离

   D. 控制型风险转移

4. 以下关于风险融资的说法中正确的有（　　）。

   A. 风险融资是对无法控制的风险做出的财务安排

   B. 风险融资也被称为财务型风险转移

   C. 风险自留也是风险控制措施的一种

   D. 保险是融资型风险转移的主要措施

5. 中国社会基本医疗保险制度包括（　　）。

   A. 商业医疗保险　　　　　　　　　B. 城镇职工基本医疗保险

   C. 公费医疗保险制度　　　　　　　D. 城乡居民基本医疗保险

6. 关于保险合同，以下说法正确的有（　　）。

   A. 保险合同是要式合同

   B. 保险合同是格式合同

C. 保险合同是最大的诚信合同

D. 保险合同中，投保人与保险人支付的对价相等

7. 关于人身保险，以下说法正确的有（　　）。

　　A. 终身寿险是一种不定期的死亡保险，保单具有现金价值

　　B. 人寿保险是以人的身体为保险标的的保险

　　C. 年金保险可以有效防范被保险人因长寿所带来的财务风险

　　D. 两全保险主要是为被保险人满期生存时提供利益保障

8. 张先生在 30 岁时用 50 万元现金一次性缴费购买了一份年金，以便在 60 岁后按月领取年金收入直到身故。下列说法错误的是（　　）。

　　A. 该年金属于趸缴延期年金　　　　B. 该年金的给付期间是 30 年

　　C. 该年金的给付间隔是 1 个月　　　D. 该年金的累积期限是 30 年

9. 以被保险人在规定时期内死亡为条件，给付死亡保险金的保险是（　　）。

　　A. 两全保险　　　　　　　　　　　B. 定期寿险

　　C. 万能寿险　　　　　　　　　　　D. 终身寿险

10. 各种保险产品相互区别的核心要素是（　　）。

　　A. 保险期限　　　　　　　　　　　B. 保险费率

　　C. 保险责任　　　　　　　　　　　D. 保险金额

参考答案

思考习题

1. 站在家庭财富管理的角度，请问你如何理解家庭风险？在不同的应用场景，家庭风险的定义有何区别？

答：从保险角度讲，家庭风险根据不同保险标的可分为家庭成员的人身风险与家庭财产风险，其中人身风险主要包括死亡风险、长寿风险和健康风险；从财富保全和传承角度讲，家庭风险包括家庭婚姻风险、家庭财富被继承者挥霍的风险、公私不分的风险、财产代持的风险以及财产控制权丧失的风险等。

在不同应用场景，家庭风险的定义也有所不同：仅从损失的角度看，家庭风险即损失发生的不确定性，包括损失是否发生、何时何地发生和损失程度如何等；从预期与实际的角度看，家庭风险为实际结果与预期结果的偏离程度，即"预期"与"现实"的差距；从损失与概率的角度看，某一概率下可能的损失程度越大，风险就越大，即从损失发生的"概率"与"幅度"两个维度刻画风险；从期望的角度来看，风险就是期望损失。

2. 家庭风险管理的流程有哪些？参加了社会保险还需要购买商业保险吗？如何理解社会保险和商业保险的关系？

答：家庭风险管理的流程主要分为四个步骤：①家庭风险识别。全面分析家庭成员和财产所处的环境，分析各种家庭活动中所存在的风险因素，判断风险事件发生的可能性，分析风险可能造成的损失及其形态。②家庭风险衡量。在家庭风险识别的基础上对风险进行量化分析，包括测定特定风险事件的损失概率和损失程度等，结合家庭风险特征（包括风险容忍度和风险承受能力）来衡量风险，并以此为基础来选择最优的风险管理措施。③家庭风险管理措施的选择。在风险识别和衡量的基础上，选择最优的风险管理方法并制订科学的风险管理方案。具体来说，风险控制措施包括风险回避、损失控制、风险隔离和控制型风险转移等；风险融资措施包括保险、风险自留。④家庭风险管理措施的效果评价、反馈与调整。定期对家庭风险管理措施的贯彻和执行效果进行评价，并对实施过程中存在的问题进行反馈，以便及时根据实际情况做出调整，形成最优的风险管理方案。

参加了社会保险的个人仍然需要补充购买商业保险，这是因为：社会保险强调"低水平，广覆盖"，突出"保基本"的保障功能，针对职工的社会保险费用的缴纳也具有一定的强制性，在保障程度、灵活性等方面存在较大的局限性，无法满足客户更高层次或者个性化的保险需求。而商业保险则遵循"平等自愿"原则，客户能够根据自己的实际需求与支付能力灵活地确定保险标的、保障程度、保险期限等。因此无论是否有社会保险，配置一定的商业保险都是有必要的。

社会保险与商业保险相互补充，二者缺一不可。商业保险满足客户的个性化需求，社会保险则为商业保险无法解决的风险提供风险分散机制，两者相互配合共同形成多层次的保障体系。

3. 人身保险规划是家庭保险规划的重要内容，市场上的人身保险产品琳琅满目，购买时让人感觉无从下手。近年来，新型寿险发展迅速，新型寿险产品和传统寿险产品具有哪些区别？

答：第一，从产品侧重来看，传统寿险产品强调保障性与储蓄性，主要有定期寿险、终身寿险与两全保险。创新型寿险在保障功能的基础上，为了满足客户需求衍生出投资功能，种类有分红保险、万能寿险、投资连结保险等。

第二，从保险灵活性看，创新型寿险保险通常更加灵活，如万能寿险保险可以在保证保单有效性的前提下，自由地调整保费，并可以根据实际需求调整保额，投资连结保险的保额随投资业绩变动而变动，而传统寿险通常必须按照合同约定缴纳既定的均衡保费，保额一般情况下不可改变。

第三，从保单现金价值看，创新型寿险保单的现金价值取决于投资账户的资产价值，随投资业绩的变化而波动，传统寿险保单的现金价值一般是确定的。

第四，从资金运作与信息透明度来看，创新型寿险为客户设置普通保障账户与独立投资账户，客户缴纳的保费在扣除各项费用后进入投资账户，客户能够明晰所缴保费如何被分摊，信息透明度较高，创新型寿险形成的保险基金通常独立运作。传统寿险仅为客户设立普通保障账户，保险的信息透明度相对较差，并且其形成的保险基金通常与其他产品统一运作。

第五，从法律依据来看，创新型保单具有投资性，因而除受到合同法与保险法约束外，还涉及证券法与信托法，相应的保险营销人员需要具备证券从业资质。而传统寿险保单仅受保险法、合同法的约束。

第六，从客户对象来看，创新型保险适合支付能力较强、风险厌恶程度较低的客户，或更加强调投资功能的客户。传统寿险保险适合风格相对保守、侧重保险保障功能的客户。

4. 家庭保险规划需要注意哪些方面，需要提前做哪些准备工作？

答：家庭保险规划中需要注意以下几点：①明确保险规划的总体目标和分项目标及其重要排序，坚持保险规划的基本目的是转移风险，保障生活安定，在此基础上再考虑必要的财富保全、收益的取得和财富传承的需要。②考虑家庭的整体性，综合考虑各个家庭成员人身风险的不同特点及其对家庭的重要性，以及家庭财产的特点，做到"量身定制"和"统筹安排"相结合。③考虑家庭的生命周期阶段的风险和收支特征，不同家庭生命周期阶段的风险差异较大，财务收支状况差异也较大，因而产生不同的保险需求，需要对保险规划做出必要的动态调整。④家庭商业保险的规划要结合家庭成员社会保险的参保情况来进行，遵循必要性和可行性原则，做到"充分保障和"量力而行",尽量避免出现过度投保或投保不足的情况。

家庭保险规划需要提前准备的工作:①收集信息。其包括确认家庭成员的健康状况、已投保的保单信息、家庭目前与潜在负债,评估家庭的风险承受能力,确认相关的生活方式形态与目标,评估家庭财产责任的风险状况等。②分析评估。其包括确定目前的保险额度、期限与风险涵盖范围,利用家庭财务报表评估承受的财务风险状况,评估当前的保险保障程度和风险管理策略,将拟定的保险范围与当前的保险范围相比较,评估保险范围发生变化的影响等。把家庭风险管理需求的优先次序排好,当保费预算有限时,就从最优先次序的险种开始购买。③综合整理。通过分析已收集的信息,提供多个各具优势或侧重点不同的风险管理策略。利用现金流量表与生涯模拟表等工具进行"情景模拟",评估不同保险事故发生带来的影响,评估每种风险管理策略的优缺点,按优先级排列顺序来制定实施风险管理计划的具体行动步骤。

案例讨论:私营小企业主的家庭保险规划

题干略。

(1) 胡先生各个家庭成员分别需要哪些保险保障?如何在现有的社会保障基础上优化家庭的保险规划?

答: 胡先生是家庭收入的最主要来源者,如果胡先生不幸去世,家庭收入远远不能维持家庭的正常生活所需,家庭财务目标即被打乱,因此,首先需要考虑为胡先生补充购买个人寿险,具体额度可以根据未来各项资金所需折现来计算。除此以外,还要根据胡先生参加医疗保险的情况来决定是否购买补充医疗保险或者健康保险。由于胡先生还计划资助儿子出国留学和女儿结婚,还可以为其准备一些教育储蓄类和投资型的保险产品。

(2) 胡先生各个家庭成员购买保险产品的保险金额如何确定?

答: 人寿保险方面。胡先生家庭在未来5年内的资金需求包括200万元出国留学基金和500万元婚嫁金,生活开支每年100万元,5年共计500万元,以上总额为1 200万元。目前可支配的存款为800万元,若胡先生身故,缺口为400万元。建议胡先生购买保险金额为400万元的人寿保险。若胡先生的太太身故,则不影响家庭财务状况,胡太太的寿险保险金额可以适度安排。

家庭退休金需求方面。按照目前的人均寿命,胡先生和太太预计退休后可以再活20年,按照年均通货膨胀率(退休金支出年均增长率)为3%,贴现率为4%,则胡先生退休时，未来退休金折现大约为 $40 \times \ddot{a}_{20,0.01}$ = 722（万元）。贴现到 55 周岁时，该笔金额为 593 万元，胡先生虽然参加了社保，但仅以最低标准参保，远远不能保障家庭生活所需。由于未来 5 年家庭每年收入 200 万元，支出 100 万元，净收入为 100 万元，建议胡先生再额外预留 100 万元左右的资金用于购买补充年金。

（3）根据目前胡先生家庭的收入支出情况和未来的财富管理目标，作为财富管理规划师，你可以为胡先生提出哪些财富管理的建议？

答：在上述建议的基础上，基于胡先生及其家庭的具体情况，关于其他保险的建议有：就健康险来说，目前胡先生全家仅有他本人参加了社会基本医疗保险，其他成员均未有任何保障，建议可以为家庭成员购买城乡居民社会基本医疗保险。随着年龄的增大，健康风险逐渐增加，家庭成员有必要根据自身的情况配置重大疾病保险和补充医疗保险。

关于财产险和其他保险，由于胡先生的家庭财产主要是工厂、房屋等，可以考虑购买普通企财险、家财险。胡先生一家是较为典型的富裕家庭，保险规划以保障型兼投资型险种为主。对于其他成员的保障需求，例如子女的婚嫁金和出国留学基金，胡先生可以考虑为他们购买储蓄型或投资型的保险产品，或者为其子女制订财富保全方案（可参见教材第 11 章的内容）。

自测与拓展

题号	1	2	3	4	5	6	7	8	9	10
答案	D	ACD	ABCD	ABD	BCD	BC	AC	B	B	C

退休与养老规划

本章回顾

10.1 退休与养老规划概述

退休是指根据国家的相关规定,劳动者因年老或因工、因病致残,完全丧失劳动能力(或部分丧失劳动能力)而退出工作岗位。退休规划主要是指养老规划,即对客户老年基本生活的安排和所需养老资金的规划,规划的核心内容有基本养老金规划、老年医疗卫生规划、老年居住规划和养老服务规划。退休与养老规划应遵循"匹配"原则、"无过剩"原则和"个性化"原则,并需要以追求长期收支平衡为目标,具体实施中要锁定养老金账户,时刻关注市场因素的波动带来的影响,合理利用税收优惠政策。

退休与养老规划应根据人们的退休生活期望、实际收入与财富条件来制定和实施,其规划目标主要考虑三个维度:替代率目标、持续消费目标和适度贡献目标。其财务分析方法主要是将收入、储蓄和消费在工作期间和退休生活中进行跨时期规划,如果使用"现在"这个时点作为财务分析的起点,其预算约束可以表示为:$\sum_{t=1}^{T}\frac{C_t}{(1+r)^t}+\frac{B}{(1+r)^t}=W_0+\sum_{t=1}^{R}\frac{Y_t}{(1+r)^t}$,即从规划起点时间开始到最大预期余寿时间点(规划终点)截止的期间内,未来的消费与遗产的现值和等于现时财产与未来收入的现值和。制定规划的时间点一般在中年时期，规划的时间跨度包含了中年和老年阶段，其中涉及三个重要时间点：退休和养老规划起点、退休时点和规划终点。

10.2 退休与养老规划的流程

退休与养老规划的流程包括以下几个步骤：①收集家庭基础信息并分析养老金供给；②分析并测算老年生活的分项需求和养老金总需求；③测算养老金缺口；④依据养老金缺口制订退休与养老解决方案；⑤根据预期余寿与养老金需求的动态变化进行方案的调整。

养老金规划的基本思想是实现以退休时间为基准点的养老金供给与养老金需求之间的平衡，具体可表示为：$W_x \cdot (1+k)^{n-x} + \sum_{t=x}^{n}(E_t - C_t) \cdot (1+k)^{n-t} = \sum_{t=n}^{D} \frac{C_t^*}{(1+k)^{t-n}}$，即退休时间点的资产价值与储蓄积累价值等于退休时间点的养老消费总价值。

养老金供给（养老金收入）来源包括基本养老金收入和其他退休后收入、持有资产回报和保障类收入。养老金需求主要包括日常生活需求、医疗健康保障需求、老年住房需求和养老服务需求，且规划中遵循上述分项需求的重要性排序。养老金缺口=养老金需求-养老金供给。如果该缺口大于0，建议的解决方案有：购买年金保险；提高储蓄或延长工作年限以增加养老金供给；降级非核心需求以减少养老金需求；寻求政府、单位和子女的外部帮助。

10.3 养老金规划

养老金体系是国家和社会为了保障国民的老年生活，通过全社会收入再分配或者个人储蓄的方式来积累养老金资产，为国民养老提供经济保障的制度安排。世界银行于20世纪末提出了"三支柱"的养老金模式：第一支柱为社会基本养老金，第二支柱为企业年金或者职业养老金，第三支柱为个人储蓄型养老金。第一支柱又称为公共养老金，第二支柱和第三支柱也被称为补充养老金。①中国社会基本养老保险制度。其包括面向机关事业单位与企业员工的城镇职工基本养老保险制度和面向其他人员的城乡居民基本养老保险制度。城镇职工的基本养老金由基础养老金和个人账户养老金构成，个人缴纳部分全部计入个人账户，基础养老金月标准以当地上年度在岗职工月平均工资和本人指数化月平均缴费工资的平均值为基数。城乡居民基本养老金的筹措采取个人缴费、集体补助和政府补贴三者相结合的方式，其中个人缴费和政府补贴全部计入个人账户，基础养老金全部由中央财政和地方财政共同负担，不同地区的基础养老金中中央财政和地方财政负担的比例各有不同。②企业年金制度。根据国际通行的做法，企业年金制度分为缴费确定型（Defined Contribution，DC）和待遇确定型（Defined Benefit，DB）两种模式。企业年金账户包括企业账户和个人账户，单位缴纳计入个人账户部分和个人缴费4%以内的部分，暂时免缴个人所得税。③职业年金。机关事业单位在参加基本养老保险的基础上，还应当为其员工建立职业年金。职业年金基金由单位缴费、个人缴费、职业年金基金投资运营收益和国家规定的其他收入共同组成。与企业年金相同，职业年金也具有类似的税收优惠。④个人储蓄型养老金。自愿型养老最基本的激励措施是强有力的税收递延政策。个人储蓄养老金包含各大金融机构的个人养老金产品，呈现出个人养老金市场主体机构多元、个人养老金投资产品多元和基金的支付方式多元等特征。

10.4 养老金金融市场与养老金金融产品

养老金金融产品包括养老金产品、养老目标基金类产品、养老保障管理产品、银行养老理财类产品和养老信托类产品等。养老金产品是由企业年金基金投资管理人发行，面向企业年金基金定向销售的企业年金基金标准投资组合，以满足企业年金、职业年金与基本养老保险资产配置的需要。养老目标基金是指以追求养老资产的长期稳健增值为目的，鼓励投资者长期持有，并采用成熟的资产配置策略，合理控制投资组合波动风险的公开募集证券投资基金，主要有养老目标风险基金和养老目标日期基金两种。养老保障管理产品是指养老保险公司和养老金管理公司作为管理人，接受政府机关、企事业单位及其他社会组织等团体委托人和个人委托人的委托，为其提供养老保障以及养老保障相关的资金管理服务而发行的相关金融产品。养老信托则是受托人为受益人养老目的而对委托人财产进行管理或者处置，或为受益人提供全面养老服务的行为，或将财产或财产权用于养老产业的开发和建设的行为或安排。银行养老理财产品主要面向50岁以上的老年客户或者年金类客户发行，包括养老储蓄型产品和养老理财型产品，其中养老理财型产品主要投资于固定收益类资产，以帮助具有养老需求的客户实现其资产长期稳健增值的目的。

关键概念与概念理解

关键概念	概念理解
退休规划	为安排退休生活而制定的全部计划
养老规划	指狭义的退休规划，对老年基本生活的安排和所需养老金的规划
养老需求	日常生活需求、医疗健康保障需求、住房需求和养老服务需求
养老金	退休时所拥有的能满足个人养老需求的所有养老资产和预期收入
基本养老保险	国家依法规定以保障个人老年基本生活水平的社会保险
企业年金	企业自愿建立、员工自愿参加的对国家基本养老保险的补充计划
职业年金	机关事业单位及其员工共同缴费的对国家基本养老保险的补充计划
养老金金融产品	个人购买的以养老为目的的金融产品

思考习题

1. 有人说退休规划就是养老规划，请问您怎么看？退休规划和养老规划有何区别？
2. 养老规划的内容有哪些？有人认为养老规划就等于养老金规划，您怎么看？
3. 在目前的制度框架下，我国能够得到税收优惠的养老金来源有哪些？能够享受哪些税收优惠？
4. 有人说养老规划是老年人的事情，年轻人不用去考虑，您觉得这个说法正确吗？在不同的年龄阶段，应该如何准备退休规划？

计算题

广州市某位女性参保者今年 55 岁。她 22 岁参加工作，由于具有高级职称，在目前的制度规定下，她可以选择在今年就退休，或者在 60 岁时退休。该参保者的平均缴费指数为 1.5，并且缴费期间一直保持不变。根据目前的政策，55 岁退休的个人账户养老金计发月数为 170，60 岁退休的个人账户养老金计发月数为 139。55 岁时，参保者个人账户积累的养老金为 25 万元，60 岁时个人账户积累的养老金可以增加到 30 万元，上年度广州市社会平均工资水平为每月 10 000 元。请问，按照现行政策，她在 55 岁退休和 60 岁退休分别可以领取多少社会基本养老金？（为简化计算，假设 5 年后社会平均工资水平保持不变），基础养老金和个人账户养老金各为多少？

案例讨论：中年单身妈妈的退休与养老规划

1. 案例背景与说明

客户杨女士现年 50 岁，是一家外企中国分公司的高管，丈夫在几年前罹患癌症去世，杨女士的女儿今年 20 岁，正在上大学一年级，计划大学毕业后赴国外留学，杨女士计划为其准备 100 万元的留学基金。杨女士的日常工作较忙，且赴国外出差的时间较多，没有另外组建家庭的计划，她打算在未来入住高档养老公寓。杨女士年收入 80 万元，在市中心繁华路段拥有一套住房，且另外投资了一套住宅用于出租，目前房产总价值为 800 万元，家庭每月需要偿还的房贷总额为 1.5 万元，按照还款计划，在杨女士退休时可以还清所有房贷。杨女士对生活品质要求较高，目前家庭除了房贷以外的年日常支出约为 20 万元，年度女儿学费和生活费开支为 10 万元，目前还有银行存款约 100 万元，股票账户市值约 50 万元。

2. 客户财富管理目标

杨女士计划未来入住高档养老公寓，年租金支出约为 30 万元，退休后日常生活开支标准不降低，仍然为 20 万元，杨女士计划女儿大学毕业后出国留学，她计划女儿回国后令其独立生活，不再为其提供生活费资助。杨女士希望退休后每年出国旅游 1~2 次，合计费用约为 5 万元。杨女士所在的公司员工福利较好，在职工作期间，公司不仅为她购买了社会保险，还为其补充购买了商业医疗保险，保障期可以维持到退休。为了预防退休后的大额医疗支出，杨女士计划退休时开始建立大病医疗应急基金 50 万元和年度医疗保健支出 3 万元。

3. 条件假设

杨女士的收入较高，在扣除掉一些可以抵扣的项目之后，社保缴费基数与当地社会平均工资之比约为 3，可以达到社保缴费的上限。假设目前社会平均工资水平为

10 000元，杨女士22岁参加工作，预计60岁退休，根据目前的人均寿命情况，假设杨女士的预期寿命为82岁，这意味着她在退休后还要继续生活22年。假设通货膨胀率和工资增长率均为每年3%，贴现率为5%。

4. 案例问题

（1）根据杨女士目前的家庭财务情况，计算其退休后家庭的收入支出情况，并测算其是否存在养老金的缺口。

（2）请根据杨女士的退休与养老规划目标，结合养老金测算的结果，为其提供养老规划的改进建议。

（3）根据目前的发展趋势，未来医疗条件会持续改善，人均寿命会进一步提高，作为理财规划师，你会对杨女士的退休与养老规划提供哪些建议呢？

自测与拓展

1. 关于退休与养老规划和养老金规划，以下说法正确的是（   ）。

   A. 广义的退休规划是为了安排退休生活而提前展开的关于退休和养老的系列安排

   B. 狭义的退休规划仅指养老金规划，是指对老年生活的安排和所需要的养老金规划

   C. 养老金规划是为了追求养老期间的长期收支平衡而展开的对收入与支出的计划和安排

   D. 养老规划就是养老金规划

2. 退休与养老规划的基本目标（   ）。

   A. 财富保全目标　　　　　　　　B. 收入的替代率目标
   C. 适度贡献目标　　　　　　　　D. 支出的持续消费目标

3. 退休与养老规划中的分项需求有（   ）。

   A. 老年住房需求　　　　　　　　B. 养老服务需求
   C. 医疗健康保障需求　　　　　　D. 日常生活需求

4. 影响退休与养老规划中在某一年的医疗健康保障支出测算的因素有（   ）。

   A. 罹患疾病的概率　　　　　　　B. 医疗保险的保额

C. 治疗疾病的平均医疗费用　　　D. 生存概率

5. 养老金的来源包括（　　）。

　　A. 基本养老金收入　　　　　　B. 退休后劳动收入
　　C. 财产性收入　　　　　　　　D. 其他保障性收入

6. 世界银行提出的"三支柱"养老金模式中的"三支柱"具体是指（　　）。

　　A. 社会基本养老金　　　　　　B. 其他社会保险个人账户转存养老金
　　C. 个人储蓄型养老金　　　　　D. 企业年金或职业年金

7. 下列金融产品中属于养老金金融产品的是（　　）。

　　A. 人寿保险　　　　　　　　　B. 养老目标风险基金
　　C. 养老消费信托　　　　　　　D. 养老保障管理产品

8. 中国社会基本养老保险制度包括（　　）。

　　A. 城镇职工基本养老保险制度　B. 商业养老保险
　　C. 城乡居民基本养老保险制度　D. 家庭养老

9. 关于商业年金保险在财富管理规划中的优点，以下说法正确的是（　　）。

　　A. 来自保险公司的年金给付能享受税收优惠
　　B. 年金保险能够有效防范长寿风险
　　C. 年金保险能够分散风险，实现投资组合收益
　　D. 期缴年金保险具有强制储蓄的作用

10. 提前进行退休与养老规划，在面对养老金赤字时，可以提供的建议措施有（　　）。

　　A. 延迟退休　　　　　　　　　B. 提前退休
　　C. 减少当期消费，增加储蓄　　D. 采取更为积极的投资策略

参考答案

思考习题

1. 有人说退休规划就是养老规划，请问您怎么看？退休规划和养老规划有何区别？

答：养老规划属于退休规划的一部分，两者并不等同。退休规划可分为广义退休规划与狭义退休规划。其中广义退休规划是指根据客户及家庭的实际情况和多项退休目标，为安排退休生活而展开的一系列安排，内容包含退休前的养老金储蓄和投资计划、医疗和住房养老服务，还有退休后的工作计划、旅游和老年教育规划、遗嘱计划等。狭义的退休规划是指养老规划，即对客户老年基本生活的安排和所需养老资金的规划。

2. 养老规划的内容有哪些？有人认为养老规划就等于养老金规划，您怎么看？

答：养老规划的主要内容包括：①确定养老规划的目标。第一层次目标为替代率目标，即退休后每年养老金收入总额占退休前年收入的比例，适用于中等收入的工薪阶层。第二层次目标为持续消费目标，即退休前后消费水平保持稳定，适用于事业有成的高收入群体。第三层次目标为适度贡献目标，即指以老年期间的收入资助家庭年轻成员或者在身后留有遗产，适用于高净值家庭。如果客户有巨额遗产需求，应当通过财富保全和遗产规划来进行规划。②确定养老需求。包括日常生活需求、医疗健康保障需求、老年住房需求和养老服务需求四个方面。③养老资金需求测算。收集家庭基本财务与非财务信息，综合考虑社会经济发展状况预期，如通货膨胀等因素，对日常生活支出、医疗健康保障支出、老年住房支出和其他养老服务支出等进行测算，获取养老资金需求的信息。④养老资金缺口测算。根据基本养老金收入、退休后劳动收入、财产性收入和保障类收入等项目加总了解养老金来源，并与养老金需求进行匹配，测算养老资金缺口。⑤根据养老资金缺口的具体情况进行养老金规划。养老金规划是指准确估计既得养老金总额和养老金总需求，根据养老金赤字的情况来调整个人的退休年龄、补充养老保险和个人储蓄型养老保险的缴费水平，或者根据赤字水平来调整退休后的生活计划、降低养老需求、提前安排好家庭养老计划。

养老规划并不等同于养老金的规划，后者是前者的一个重要环节，是养老规划的主要内容。如上所述，养老规划具体内容包括确定养老规划的目标、确定养老需求、养老需求测算、养老资金缺口测算与养老金规划。

3. 在目前的制度框架下，我国能够得到税收优惠的养老金来源有哪些，能够享受哪些税收优惠？

答：目前制度下，我国能够得到税收优惠的养老金来源主要有企业年金、职业年金和个人储蓄型养老金中的个税递延型商业年金。

企业年金和职业年金的税收优惠：2018年财政部和国家税务总局发布了《关于个

人所得税法修改后有关优惠政策衔接问题的通知》，对于领取年金阶段的税收处理做出如下规定：个人达到国家规定的退休年龄，领取的企业年金、职业年金，符合《关于企业年金、职业年金个人所得税有关问题的通知》规定的，不并入综合所得，全额单独计算应纳税款。其中按月领取的，适用月度税率表计算纳税；按季领取的，平均分摊计入各月，按每月领取额适用月度税率表计算纳税；按年领取的，适用综合所得税率表计算纳税。

个人储蓄型养老金：自2018年5月1日起，在上海市、福建省（含厦门市）和苏州工业园区实施个人税收递延型商业养老保险试点，对试点地区个人通过个人商业养老资金账户购买符合规定的商业养老保险产品的支出，允许在一定标准内税前扣除；计入个人商业养老资金账户的投资收益，暂不征收个人所得税；个人领取商业养老金时再征收个人所得税。（详情请见教材专栏10-2）

4. 有人说养老规划是老年人的事情，年轻人不用去考虑，您觉得这个说法正确吗？在不同的年龄阶段，应该如何准备退休规划？

答：说法错误，养老规划应当从具有稳定且较高收入时期开始，由于中年之后个人收入大概率呈现下降趋势，若等到年老退休时才开始进行养老规划，很有可能导致前期储蓄不足以应对未来的养老需求。

退休与养老规划的规划起点对于不同收入和资产特征的个人而言会有所不同。对于预期收入相对稳定、以劳动收入为主的人群而言，规划起点应该在自身生命周期内预期收入处于相对高位时开始，通常是在45～50岁；而对于收入不稳定、以经营收入或投资收益为主的人群而言，规划起点应该更早，具体时间依据自身财富积累的具体情况而定。

计算题

题干略。

（1）解：假设退休者在55岁退休：

基础养老金＝（全省上年度在岗职工月平均工资×a＋本人指数化月平均缴费工资）÷2×缴费年限×1%。

参保者的平均缴费指数为1.5，保持不变，那么a的取值为1，参保者的工作年限为33年，退休时基础养老金的替代率为（1+1.5）÷2×33×1%＝41.25%，基础养老金为替代率乘以当年当地社会平均工资水平的41.25%，参考上年度的社会平均工资水平，基础养老金为 4 125 元。

个人账户养老金＝个人账户储存额÷个人账户养老金计发月数，个人账户养老金则用账户总额除以个人账户养老金计发月数，用 250 000÷170＝1 471（元）。

社会基本养老金＝基础养老金＋个人账户养老金＝4 125＋1 471＝5 596（元）。

答：55 岁退休时，退休者基础养老金为 4 215 元，个人账户养老金为 1 471 元，社会基本养老金为 5 596 元。

（2）**解**：假设退休者在 60 岁退休：

基础养老金＝（全省上年度在岗职工月平均工资×a＋本人指数化月平均缴费工资）÷2×缴费年限×1%。

参保者的平均缴费指数为 1.5，保持不变，那么 a 的取值为 1，参保者工作年限为 38 年，退休时基础养老金的替代率为（1＋1.5）÷2×38×1%＝47.5%，基础养老金为替代率乘以当年当地社会平均工资水平的 47.5%，参考上年度的社会平均工资水平，基础养老金为 4 750 元。

个人账户养老金＝个人账户储存额÷个人账户养老金计发月数，个人账户养老金则用账户总额除以个人账户养老金计发月数，用 300 000÷139＝2 158（元）。

社会基本养老金＝基础养老金＋个人账户养老金＝4 750＋2 158＝6 908（元）。

答：60 岁退休时，退休者基础养老金为 4 750 元，个人账户养老金为 2 158 元，社会基本养老金为 6 908 元。

案例讨论：中年单身妈妈的退休与养老规划

题干略。

（1）根据杨女士目前的家庭财务情况，计算其退休后家庭的收入支出情况，并测算其是否存在养老金的缺口。

答：杨女士计划退休后单独入住高档养老公寓，另外，年度旅游费用为 5 万元，医疗保健支出 3 万元，高档养老公寓费用支出 30 万元，年支出总额为 38 万元，此外，杨女士还计划退休时开始建立大病医疗应急基金 50 万元。如果杨女士退休后即刻入住养老高档公寓，假设通货膨胀率和工资增长率均为每年 3%，贴现率为 5%，杨女士预计 60 岁退休后剩余寿命为 22 年，则退休时点未来总支出现值为：38×$\ddot{a}_{22,0.02}$＝38×17.66＝671（万元），再加上应急医疗准备金 50 万元，退休时点总支出现值为 721 万元。

杨女士退休收入为社会基本养老保险金和房租收入，根据目前的社会养老保险金的计算办法：

杨女士基础养老金＝（全省上年度在岗职工月平均工资×a＋本人指数化月平均缴费工资）÷2×缴费年限×1%。杨女士的平均缴费指数为3，保持不变，那么a的取值为1，参保者工作38年后退休，退休时基础养老金的替代率为（1＋3）÷2×38×1%＝76%，基础养老金为替代率乘以当年当地社会平均工资水平的76%，根据现有研究估计，个人账户养老金替代率为12%左右，考虑到杨女士的平均缴费指数为3，个人账户替代率假设为36%，杨女士退休后退休金总替代率可以达到112%，假设退休时当地社会平均工资为10 000×1.03^{10}＝13 439（元），则退休时点的退休工资为15 008元，假设房租月收入为10 000元，则月总收入为25 008元，假设通货膨胀率和工资增长率均为每年3%，贴现率为5%，杨女士预计剩余寿命为22年，则退休后总收入现值为：30×$\ddot{a}_{22,0.02}$＝30×17.66＝529.8（万元）。

总的来看，杨女士退休后的收支相抵后，还有190万元左右的资金缺口。

（2）请根据杨女士的退休与养老规划目标，结合养老金测算的结果，为其提供养老规划的改进建议。

答：通过以上计算过程，可以看到，杨女士在退休后的养老资金总缺口约为190万元，目前杨女士为50岁，还有各类现金和有价证券150万元，杨女士未来还要继续工作10年，根据目前的收入情况，未来每年还可结余32万元，扣除预留给女儿的100万元留学经费后，不考虑其他突发情况，未来10年内的资金结余，基本能够覆盖未来养老资金的缺口。

（3）根据目前的发展趋势，未来医疗条件会持续改善，人均寿命会进一步提高，作为理财规划师，你会对杨女士的退休与养老规划提供哪些建议呢？

答：由于目前的人均寿命不断上升，根据最新的研究成果，大约每隔10年人均寿命上升2岁，杨女士未来预计寿命可达88～90岁，未来养老金的资金缺口可能进一步扩大，建议杨女士可以考虑对养老金规划做如下调整：

首先，杨女士的未来养老金规划的年限可以适度延长6～8年。由于杨女士收入较高，每年收入还有较多的结余，可以考虑投资一些养老金融产品，例如养老目标日期基金和养老目标风险基金。在家庭风险资产的配置中，还可以适当提高风险容忍度，适当提高预期收益水平，同时承担更多风险。

其次，杨女士可以对家庭资产配置结构进行适度调整。由于杨女士本人考虑未来入住高档养老公寓，不再居住于自有住房内，可以考虑出售一套房屋，以获得更多的养老资金，或者进行住房反向抵押以获得更大的年度收入现金流。考虑到人均寿命的不断上升和老龄化的冲击，可以考虑额外配置一些商业长期护理保险。

最后，杨女士的家庭是较为典型的小康之家，杨女士在有生之年基本不用太担心养老金的缺口问题，预计会有大量家庭资产作为遗产传承，也可以考虑对家庭财产进行保全和传承等方面的安排。

自测与拓展

题号	1	2	3	4	5	6	7	8	9	10
答案	ABC	BCD	ABCD	ACD	ABCD	ACD	BCD	AC	ABD	ACD

第 11 章

家庭财富保全与传承规划

本章回顾

11.1 财富保全与传承概述

财富保全与传承是指居民家庭通过科学系统的规划,综合运用金融、法律和税务等财富管理工具,对家庭财富的所有权和受益权进行的合理分配,进而实现家庭财富保全与传承的过程。其中,财富保全是财富传承的前提,财富传承是财富保全的后续目标。

未保全的财富面临较大的不确定性,个人与家庭财产可能遭受的风险主要有缺乏规划导致的风险、公私不分导致的风险、家庭破裂导致的风险、继承人挥霍财产的风险、资产代持导致的风险、财产控制权丧失的风险等。要分析和应对上述风险,需要先了解财富保全与传承的要素,主要涉及三个方面:①客户主体及其权利与义务关系。根据客户及其背景关系的法律属性可以分为三大类别,即自然人、法人和非法人组织。②家庭婚姻状况。关于家庭婚姻状况,需要关注婚姻成立的实质要件和形式要件的法律条件,还需要关注包括协议离婚和诉讼离婚在内的婚姻解除的相关法律规定。③家庭财产所有权。所有权是所有人在法律规定的范围内对自己所拥有的财产所享有的权利行使的可能性,是一种具有物质财富内容或直接体现经济利益的民事权利。家庭财产所有权分为完全所有权和共同所有权两种。完全所有权包括对占有权、使用权、收益权和处分权的完全所有。共同所有权根据是否存在确定份额可分为按份共有和共同共有。家庭财产可能存在夫妻共有财产、夫妻的婚前财产、家庭共有财产和共同继承财产等多种形式。

11.2　财富保全策略

具有财富保全业务需求的客户，主要包括参与各种形式的经营活动、存在多婚多子女或跨国婚姻，在婚前就拥有大量财产的个人或家庭。不同的客户需要进行财富保全的动机和目标也不尽相同，在制定财富保全策略时，需要分别遵循以下原则：风险隔离原则、合法合理原则、有利方便原则、利益适当原则和照顾子女原则等。制定和实施财富保全策略，需要掌握财富管理保全规划的基本工具。其主要包括夫妻财产公证、个人信托和人寿保险。①夫妻财产公证，是由公证机构依法对夫妻或"准夫妻"就各自婚前或婚后财产、债务的范围及权利归属等问题所达成协议的真实性、合法性给予证明的活动。财产约定是财产公证的前提条件。夫妻财产公证包括婚前财产约定公证和婚后财产约定公证。②个人信托是一个私密的、个性化的法律架构，根据家庭及个人的不同生命周期，为实现不同的财富目的（如养老、教育、保全、传承、慈善、投资），基于信托当事人之间的信任，以信托为载体，以受益人利益为核心，进行全方位、一站式的综合财富管理。按照个人信托目的的不同，个人信托可以分为婚姻家庭信托、离婚赡养信托、子女教育信托和不可撤销的人生保全信托等。③人寿保险对于被投保人具有一定的债务隔离功能，同时可以用于区分婚前财产和婚后财产，锁定夫妻共同财产，实现子女的婚姻财产安全，因而具有婚姻财产保全功能。

11.3　财富传承策略

传，即传递；承，即承接。财富传承，是指高净值人士或资产持有者通过预先系统的规划，综合运用各种财富管理工具，包括金融工具和法律工具，同时对家庭成员进行安排，制定家族宪章，进而实现财富的风险隔离和代际传承。财富传承的构成要素有传承的标的和传承的对象。财富传承的标的包括有形财富和无形财富。有形财富常见的有企业、股权、房地产、金融资产和艺术品等。而无形财富包含人力资本、社会资本和家族精神等。无形财富和有形财富的传承是相辅相成的关系，两者同时传承才是财富传承最大化的价值实现。财富传承对象由于每个家庭的财富形式、家庭结构、成员意愿与能力等不同而存在显著的家庭异质性和不确定性。

由于财富传承的财产类别的多样化和家庭成员特征的多元化，各家庭采用的财富传承方式和传承工具具有很大的差异。目前较为常见的财富传承工具包括赠与、遗嘱赠与和遗嘱继承、家族信托、人身保险与保险金信托，除此以外还有家族办公室和家族基金会等方式。①赠与，是赠与人将自己的财产无偿给予受赠人，且受赠人表示接受的一种行为。这种行为的实质是财产所有权的转移，赠与行为一般通过签订赠与合同实现。在法律关系中，赠与合同是单务合同。所谓"单务合同"，是指一方只享有权利而不尽义务，另一方只尽义务而不享有权利的合同。②遗嘱赠与是指公民以遗嘱的方式将其遗产中财产权利的一部分或者全部捐赠给国家、集体或者法定继承人以外的个人，其死亡之后才产生法律效力。遗产赠与有利于更好地体现身故者的个人遗愿。③遗嘱继承又称"指定继承"，是按照被继承人所立的合法有效遗嘱而承受其遗产的继承方式。遗嘱继承由设立遗嘱和遗嘱人死亡两个法律事实所构成。指定继承能够有效防范家庭遗产纠纷。④家族信托是指信托机构受个人或家族的委托，代为管理、处置家庭财产的一种财产管理方式。相对于传统的法定继承和遗嘱继承，家族信托的优势比较明显，独立的信托财产能够实现债务风险隔离，在指定和变更受益人以及信托利益分配方面，其安排也更加灵活。⑤人身保险与保险金信托是信托和保险紧密结合形成的财富管理工具。其本质上是一种私人信托，以寿险保险金请求权为信托财产，由信托的委托人购买大额保单之后，将信托受托人设立为保单的受益人，当保险事故发生后，由保险公司将保险金直接交付给受托人，利用保险的杠杆性和确定性、信托的灵活性和独立性，确保保险理赔金能够按照委托人的意愿管理和使用，保障信托受益人的生活、学习所需，同时降低了传统方式下保单受益人先于被保险人死亡后给付的保险金成为被保险人遗产的风险，通过保险金结合信托的方式，实现了隔离风险、规避债务、保护隐私等功能。⑥家族办公室和家族基金会是顶级财富家庭进行财富传承的重要载体。

关键概念与概念理解

关键概念	概念理解
财富保全	为减少未保全财富的各种风险与风险损失提前进行规划的活动
财富传承	为顺利实现家族财富的代际有效传承提前进行规划的活动
夫妻财产约定	夫妻间在婚前或婚后就自身个人财产和共同财产的预先安排
共同财产	两个或两个以上的人基于共同关系平等享有所有权和承担义务的财产
遗嘱继承	通过在合法有效的遗嘱中确定继承人与财产继承份额的继承方式
保险金信托	兼具保险的杠杆性与确定性和信托的灵活性的财富管理工具
家族信托	以家庭财富的保值和增值、财富保全和财富传承为目的的信托
家族办公室	是开展超高净值家族财富管理业务的顶级业态机构

思考习题

1. 财富保全考虑的因素有哪些？婚姻风险的防范有哪些内容？
2. 财富管理中的客体类型有哪些？其债务法律关系如何界定？
3. 财富保全规划的具体原则有哪些？并举例说明。
4. 财富传承的目标是什么？需要厘清哪些问题？
5. 财富传承工具有哪些？各自的优势与劣势是什么？

案例讨论：高净值企业家客户的家庭财富保全与传承规划

1. 案例背景

张先生现年66岁，太太60岁，两夫妻目前独资拥有一家工厂，工厂的总资产为3亿元，每年利润2 000万元。家庭除了目前居住的价值1 500万元的别墅地产以外，在国内还拥有15套商用与住宅地产，每年的租金收入约150万元；在海外还有一套房产，价值120万美元。家庭目前还拥有金融资产6 000万元。张先生对银行有很高的信任度，除工厂以外的大部分家庭资产由两家银行的私人银行部门在进行打理。张先生和太太目前还有两个子女。大女儿是音乐老师，在国内任教，已经结婚并有一个 3 岁女孩；小儿子目前 29 岁，在美国硅谷创业。张先生希望子女能够接班，但子女们各有爱好，各有想法，接班的可能性不大。

2. 财富管理目标

最近，张先生的一位老朋友突然罹患癌症去世，张先生开始感叹世事无常，对自己的家族企业未来发展及其财富如何传承开始感到焦虑。他想给女儿一笔资金，但是考虑到目前不断上升的离婚率，张先生担心女儿的婚姻一旦出现问题，会导致他赠与的财产流失。他看到儿子在美国创业不易，也想提供一笔资金给儿子，但又担心儿子突然获得大笔资金后疏于打拼，反而影响他正常的职业发展。张先生最近比较郁闷，自己内心的担忧又难以与儿女们沟通，因此，他找到了某财富管理机构，希望能得到一些建议。

3. 案例问题

请根据张先生家庭的实际情况，为张先生提供一些财富管理的建议，具体包括：

（1）张先生想给女儿一笔资金，但又担心女儿婚姻出现问题导致财产损失，请问如何设计婚姻财产保全规划，为张先生解决这一问题？

（2）如何设计财富保全策略，来助力张先生的爱子实现创业梦想，但又能阻止年轻人过度挥霍财产呢？

（3）在目前的法律制度约束下，如何合理合规地帮助张先生以尽可能低的成本来实现财富的传承？

自测与拓展

1. 关于财富保全与财富传承，以下说法正确的是（　　）。

    A. 财富保全是财富传承的前提和基础

    B. 财富传承是财富保全的唯一目标

    C. 财富保全的目标是财富的保值和增值

    D. 财富保全目标贯穿于传承前与传承后的整个时间段

2. 与财富保全相关的家庭财产风险有（　　）。

　　A. 家庭成员拥有股权的企业财产与家庭财产不明晰导致的风险

　　B. 婚姻破裂导致的家庭财产分割风险

　　C. 继承人挥霍财产的风险

　　D. 投资性资产的价值贬损风险

3. 家庭财产完全所有权具体包括（　　）。

　　A. 收益权　　　　　　　　　　B. 使用权

　　C. 占有权　　　　　　　　　　D. 处置权

4. 家庭财产共同共有的主要特点有（　　）。

　　A. 基于两个或两个以上的人共同享有财产的所有权

　　B. 各财产共有人分别具有确定份额的财产所有权

　　C. 共同共有人按照各自确定份额对财产享有不同的权利并承担不同的义务

　　D. 夫妻共有是家庭共有的一种情况

5. 以下财富管理工具中具有财富传承功能的有（　　）。

　　A. 遗嘱赠与继承　　　　　　　B. 保险金信托

　　C. 家族信托　　　　　　　　　D. 股债混合型投资基金

6. 以下关于遗嘱赠与和遗嘱继承的描述正确的是（　　）。

　　A. 遗嘱继承人可以是法定继承人以外的自然人

　　B. 遗嘱赠与中，受遗赠人不承担遗嘱人的债务

　　C. 受遗赠人可直接参与遗产分配

　　D. 遗产分割前未明确表示放弃继承的视为接受继承

7. 关于对传承财产进行家族信托，以下描述正确的是（　　）。

　　A. 可以减少遗产纠纷

　　B. 可以免于偿还死者债务

　　C. 可以按照个人意志灵活安排传承财产

　　D. 实现传承财产的保值增值

8. 关于保险金信托的功能，以下说法正确的是（　　）。

A. 以保险金为信托标的，具有杠杆功能

B. 死亡保险金信托以死亡为给付条件，可以实现财富传承目标

C. 生存保险金进入信托管理后，具有风险隔离功能，可以实现财富保全目标

D. 在保单受益人先于被保险人死亡时，可以减少被保险人的遗产风险

9. 王某夫妻二人口头约定婚后各自所得的工资、存款、经营收益、投资收益等财产归各自所有。婚后王某以个人名义向张某借款 7 万元，但并未明确约定为个人债务，张某也不清楚王某夫妻二人的婚后财产约定。张某要求王某还款时，王某有婚后存款 3 万元和重疾险现金价值 4 万元，王某妻子有婚后财产 3.5 万元和因罹患疾病获得的医疗补贴 5 000 元。请问张某可以就以下哪几项来进行债权追索（　　　）。

A. 王某的婚后财产 3 万元　　　　B. 王某妻子的婚后财产 3.5 万元

C. 妻子的医疗补贴 5 000 元　　　 D. 王某的重疾险现金价值 4 万元

10. 具有以下哪些特征的家庭更需要做财产保全规划（　　　）。

A. 多婚、多子女家庭　　　　　　B. 有经营活动的家庭

C. 普通工薪家庭　　　　　　　　D. 有大量婚前个人财产的家庭

参考答案

思考习题

1. 财富保全考虑的因素有哪些？婚姻风险的防范有哪些内容？

答：财富保全与传承要考虑的要素包括客户类型及权利义务关系、家庭婚姻状况、家庭财产所有权状况，并基于三方面的基本情况考虑相关家庭财产风险，具体包括缺乏规划导致的风险、公私不分导致的风险、家庭破裂导致的风险、继承人挥霍财产的风险、资产代持导致的风险、财产控制权丧失的风险等。

在婚姻关系的建立前、存续中和解除前后都可能存在诸多财产风险。应该防范的与婚姻关系有关的财产风险主要涉及四个方面：①婚姻关系建立前应充分考虑婚后财产风险的可能性，慎重考虑是否需要进行婚前个人财产公证；②防范婚姻存续期间可能存在夫妻中一方滥用家庭财产的行为或从事经营活动的家庭财产公私不分的风险，提前做好个人或家庭财产的风险隔离；③婚姻持续期间如若遭遇夫妻感情破裂，应提

前防范离婚前夫妻一方转移、隐匿或者变卖财产等损害另一方财产权益的行为；④要采取相应财产保全措施防范离婚后被分割财产用途改变的风险，尤其是有孩家庭，离婚时通常会涉及离婚后的赡养问题，离婚时协议的财产分割中会涉及用于赡养用途的财产，但该部分财产有可能因为监护人的监护不力、滥用、第三方侵占而导致财产用途更改，达不到原有财产分割的目的，无法保障被赡养者的利益。

2. 财富管理中的客体类型有哪些？其债务法律关系如何界定？

答：财富管理中的客体是指财富管理服务的客户对象，主要指自然人及其家庭，不包括法人和非法人组织，但家庭成员有参与法人或非法人组织的，可能存在与法人相关的连带债务责任。

自然人包括公民个人、个体工商户、农村承包经营户。公民个人与家庭的债务，属于个人债务的，由个人财产承担，家庭内无法区分个人财产的，由家庭财产承担；家庭债务由家庭财产共同承担；公民个人从事工商业经营，经依法登记为个体工商户，个体工商户可以起字号。个体工商户的债务，属于个人经营的以个人财产承担，家庭经营的以家庭财产承担，无法区分的以家庭财产承担。农村集体经济组织的成员，依法取得农村土地承包经营权，从事家庭承包经营的，为农村承包经营户。农村承包经营户的债务，以从事农村土地承包经营的农户财产承担，事实上由农户部分成员经营的，以该部分成员的财产承担。

家庭成员有参与法人投资的，法人债务与家庭和个人无关，由法人以法人财产承担；家庭成员有参与非法人组织投资的，个人投资者对企业承担无限责任。非法人组织包括个人独资企业、合伙企业、不具有法人资格的专业服务机构等。其中，个人独资企业的投资人对企业的债务承担无限责任。在合伙企业中，普通合伙人对合伙企业的债务承担无限连带责任。

3. 财富保全规划的具体原则有哪些？并举例说明。

答：家庭财富保全规划的具体原则有风险隔离原则、合法合理原则、有利方便原则、利益适当原则和照顾子女原则。①风险隔离原则。大部分存在财富保全需求的家庭从事各种经营活动。家庭成员参与经营活动可能存在企业债务义务的连带责任，即使是有限责任法律义务条件下，也有可能以个人或家庭资产为企业债务做担保或抵押，导致连带责任的发生，因此需要进行以风险隔离为原则的财富保全。②合法合理原则。在考虑财富保全策略时，不仅要合法而且也要合理。首先，要遵守与财产保全有关的法律规定，避免为了解决客户的诉求而损害他人利益，这种行为可能带来法律责任；

其次，要合乎情理，从协调客户及其家庭成员关系入手，进而减少在实施过程中的障碍。③有利方便原则。在共同共有关系终止时，对共有财产的分割，有协议的按协议处理，没有协议的，应当根据等分原则处理，同时考虑共有人对共有财产的贡献大小，适当照顾共有人生活的实际需要。④利益适当原则。夫妻在离婚分割财产时，不得把属于国家、集体和他人所有的财产当作夫妻共同财产进行分割，不得借分割夫妻共同财产之名损害其他人的利益。⑤照顾子女原则。在夫妻离婚的情况下，应尽可能减轻离婚对未成年子女的学习、生活和心理的影响；在分配夫妻共同财产时，要注意不要侵害到未成年子女的合法财产，要将未成年子女的合法财产作为子女的个人财产。对于客户在子女教育和激励方面有特殊需求的，还可以为客户设计子女教育信托和子女激励信托。

4. 财富传承的目标是什么？需要厘清哪些问题？

答：财富传承的目标是通过实施科学合理的财富保全架构与财富传承安排，降低家庭财富在代际传承过程中的风险，达到尽可能不偏离财富创建者初衷的目标。财富传承规划需要厘清财富传承的基本构成要素，具体包括财富传承的标的、财富传承的对象、财富传承的工具，即要搞清楚传什么、传给谁和怎么传等问题，针对不同的财富标的特征、不同的财富传承对象的偏好和需求差异，需要选择不同的财富管理工具，较为常见的工具有赠与、遗嘱赠与和遗嘱继承、家族信托、人身保险和保险金信托、家族办公室与家族基金会等。

5. 财富传承工具有哪些？各自的优势与劣势是什么？

答：目前较为常见的财富传承工具包括赠与、遗嘱赠与、遗产继承、购买人身保险、家族信托、保险金信托，除此以外还有设立家族基金会和家庭办公室等方式，见表11-1。

表 11-1　五种财富传承工具比较

效果/工具	赠与	遗嘱	家族信托	人寿保险	家族基金会
实现效果	立即实现	可能落空	有保证	可靠	有保证
父母掌控	不好	好	好	好	好
防止挥霍	不好	不好	能	身前可以	能
后代婚变	有漏洞	有漏洞	好	好	好
债务隔离	不能	不能	能	能	能
和谐传承	不能	不能	能	可能	能
遗产税收	目前没有	目前没有	能	能	能
其他限制	成本较低	产生争端	成本较高	年龄限制	门槛较高

案例讨论：高净值企业家客户的家庭财富保全与传承规划

题干略。

（1）张先生想给女儿一笔资金，但又担心女儿婚姻出现问题导致财产损失，请问如何设计婚姻财产保全规划，为张先生解决这一问题？

答：婚姻保全工具包含婚姻财产协议、婚姻财产信托与人寿保险等。张先生可以选择为已婚的女儿购买一份保险的方式，投保人为张先生，被保险人为女儿，受益人为外孙女。张先生也可以向女儿赠与一套房产，写上女儿一个人的名字，附上一份赠与协议和银行转账凭证，确保赠与的财产是属于女儿的个人财产。

（2）如何设计财富保全策略，来助力张先生的爱子实现创业梦想，又能阻止年轻人过度挥霍财产呢？

答：为了鼓励和支持孩子的创业梦想，张先生可以通过家族信托的方式，在孩子创业时进行资金的分批划拨，避免一次性给孩子一笔钱可能导致的挥霍风险。同时也可以选择人寿保险的方式，通过保单设计即可实现这一目标。投保人为张先生，被保险人为儿子，受益人为张先生，持续地帮助孩子解决后顾之忧。

（3）在目前的法律制度约束下，如何合理合规地帮助张先生以尽可能低的成本来实现财富的传承？

答：张先生可以选择遗嘱、家族信托、人寿保险金信托、人寿保险的方式进行财富的传承。对于家族的股权，利用家族信托，引入董事会机制，通过职业经理人进行管理；对于家族的房产，利用遗嘱来进行提前安排；对于现金类资产选择家族信托来进行传承安排；同时考虑到未来有可能缴纳的遗产税费的问题，建议通过人寿保险（或保险金信托）来设计安排：投保人为张先生，被保险人为张先生，受益人为子女。进而实现财富的有效传承。

自测与拓展

题号	1	2	3	4	5	6	7	8	9	10
答案	AD	ABC	ABCD	AD	ABC	BD	ABCD	ABCD	AB	ABD

第 12 章 税收筹划与财富管理

本章回顾

12.1 税收筹划概论

税收筹划是"纳税人在既定的税收法律制度框架内,通过对纳税主体(法人或自然人)的涉税行为进行事先规划和安排,以转换应税项目、高低税率调整、税收递延等方式为手段,实现税后收益最大化为目标的一系列税务规划活动"。税收筹划的最终目的并不是简单地减少应交税金,而应该是实现税后收益最大化。要了解税收筹划的动机和结果,应区分节税、避税和逃税三者的区别。税收筹划与节税较为相近,与避税和逃税有着根本的区别。节税是在合乎法律的前提下采用转换应税项目、税收递延和转换高低税率等方式降低应纳税额;避税则是通过个人或企业组织发挥主观能动性,对生产经营与取得收入行为进行精心设计,利用法律的漏洞和不足来达到少交税的目的;逃税是纳税人故意不遵守税法规定,不履行纳税义务的行为,采用欺骗、隐瞒手段进行虚假纳税申报或不申报达到逃避缴纳税款的行为。税收筹划的特点有合法性、预期性、收益性、专业性和风险性。

12.2 税收筹划的策略

财富管理的客户对象为个人或家庭，与个人或家庭相关的税种主要有个人所得税，因此我们主要对个人所得税的税收筹划进行阐述。个人所得税制度的法律要素包括纳税义务人、征税对象、税目、税率、纳税期限、纳税地点、减税免税和罚则等。这些法律要素也构成了行为主体人进行税收筹划的基本前提。另外，个人所得税的课税模式的改变也将影响税收筹划方式，目前世界各国的个人所得税课税模式主要有分类所得模式、综合所得模式和分类综合所得模式。为体现纳税人实际税负水平、遵循量能课征原则，我国自 2019 年开始由原有的"分类所得税制"改为"分类综合所得税制"，对综合所得部分（包括工资薪金所得、劳务报酬所得、稿酬所得和特许权使用费所得四项）按年总收入进行征收，对其余的收入仍按分类所得予以征税。根据纳税人是否为居民，个人所得的计税可分为居民个人所得应纳税和非居民个人所得应纳税。

12.3 税收筹划的基本方法

税收筹划的方法多种多样，一般可总结为以下几种：①合理安排应税所得。具体筹划手段有分散收入节税、分散产权节税、费用成本转化节税和税收延期节税等。②高税率项目与低税率项目转化。如将财产性收入转为工资收入。③合法调整应税项目。具体筹划手段有：将工资、薪金收入转换为其他低税率的收入，将工资收入转换为住房公积金，将工资收入转换为职业年金，将工资收入转换为个人税收递延型保险等。④公益性捐赠支出。个人或企业将其所得通过中国境内的社会团体、国家机关向教育和其他社会公益事业以及遭受严重自然灾害地区、贫困地区的捐赠，允许从应纳税所得额中扣除。以节税为目标的捐赠，应选择税法上认定的组织或团体进行捐赠。

12.4 非常规收入的税收筹划

非常规收入是指除统一按 7 级累进税率征税的综合所得各项收入外的其他各类需要按分类所得计税的收入。非常规收入的税收筹划包含利息、股息、红利所得的筹划、股权转让的筹划、股票期权的筹划、非上市公司股票期权等情况的税收筹划、房产投资的税收筹划、CRS 与境外所得筹划和遗产税筹划等。

关键概念与概念理解

关键概念	概念理解
税收筹划	以规避涉税风险、控制和减轻税负和获取税收利益为目的的活动
个人所得税	以个人所得为征收对象,具有筹集财政收入、调节收入差距、稳定经济发展的功能
税制结构	一国税收体系的整体布局和总体结构,由税类、税种、税制要素和征收管理层次组成
税率	对征税对象的征收比例和征收额度,是衡量税负轻重的重要标志
税收基本要素	是构成税收范畴的基本因素,核心要素包括纳税人、征税对象、税率
收入确认	包括确认时间和确认金额,包括产品销售收入和劳动收入的确认
税收优惠	对特定纳税人或课税对象给予减轻或免除税收负担的措施

思考习题

1. 为什么要进行税收筹划?税收筹划的最终目的是什么?
2. 税收筹划属于事前行为、事中行为还是事后行为?
3. 税收筹划与避税、逃税之间的差别在哪里?相同点在哪里?
4. 什么是综合所得课税?课税对象包括哪些类型的所得?
5. 财富管理中的税收筹划方法包括哪些?其中心思想是什么?
6. 如果考虑闲暇时间成本,税收筹划是否一定符合纳税人的利益?

计算题

张先生为某上市公司准备聘请的高级技术人员。假设张先生的期望年薪为 500 万元，同时要求公司给出纳税方案降低其年应纳税税额，公司给出了四套纳税方案：①不发放年终奖与股票期权所得，综合所得应纳税额为 500 万元；②发放全年一次性年终奖 6 万元，股票期权所得 6 万元，综合所得应纳税额 488 万元；③发放全年一次性奖金 200 万元，股票期权所得 200 万元，综合所得应纳税额 100 万元；④发放全年一次性奖金 90 万元，股票期权所得 300 万元，综合所得应纳税额 110 万元。请计算出最佳的税收筹划方案。

案例讨论：2020 年个人投资税务筹划

1. 案例背景

假设李先生通过自己多年的商业经营理念，开办了三家个人独资企业分别从事不同行业的经营活动，相关手续齐全，财务核算清晰。这三家个人独资企业主营业务分别为医疗保健材料制造、汽车零配件批发和网络系统开发，相互之间不存在任何的关联交易。

2. 假设条件

（1）李先生为提高甲企业员工生产积极性，留住技术型人才，决定以企业自有资金（非当年净利润）购置一栋价值 500 万元的房产以解决本企业技术型职工的生活问题，假设暂不考虑房屋未来的残值问题。在购买房产需确定房屋所有权问题时，承办人员无法明确到底应该以李先生个人名义还是公司名义购买。假设当地同类型住房年租金 40 万元，市场年平均投资回报率为 6%。

（2）李先生允许乙企业销售类员工在 2020 年及以后每年年初自由选择不同的收入模式：其一是相对固定月工资薪金收入，年终不再发放全年一次性奖金，而是在第 12 个月视员工前 11 个月业绩提高最后一个月工资收入作为奖励；其二是绝对固定月工资薪金收入，但是在年终发放全年一次性奖金作为奖励；其三是实行推销提成制度，以当月该员工销售额的 5% 发放业绩奖金，年终无一次性奖金。

(3) 为了维护企业形象，李先生准备在 2020 年将丙企业门面进行装修，出于价格的考虑，决定将这一装修任务委托给私人朋友王先生进行设计装修。装修的基础材料都由李先生负担，王先生只进行设计和提供装修劳务。王先生要求提供设计服务报酬 20 000 元，装修人工费用 40 000 元。

(4) 李先生出于企业家的社会责任感，决定在 2020 年向符合国家规定的社会福利机构进行个人捐赠，捐赠金额 5 万元。

(5) 2020 年甲企业医疗保健材料制造实现税前利润 40 万元，李先生从甲企业领取工资 10 000 元/每月；乙企业汽车零配件批发实现利润 12 万元，李先生领取工资 15 000 元/每月；丙企业网络系统开发实现税前利润 10 万元，李先生领取工资 8 000 元/每月。

(6) 不考虑专项扣除的情况下，李先生个人专项附加扣除中包含：子女教育扣除 1 000 元，赡养老人扣除 1 000 元，首套房利息扣除 1 000 元。

(7) 已知根据《财政部、国家税务总局关于个人所得税法修订后有关优惠政策衔接问题的通知》（财税〔2018〕164 号）文件规定，居民取得符合《国家税务总局关于调整个人取得全年一次性奖金等计算征收个人所得税方法问题的通知》（国税发〔2005〕9 号）规定的全年一次性奖金，在 2021 年 12 月 31 日前，可以不并入当年综合所得（也可以选择合并计算），单独依照个人年度综合所得税率表进行扣税。

3. 案例问题

请根据上述材料，讨论以下内容：

(1) 现假设乙企业销售类员工 2020 年最终年税前收入均为 10 万元（选择相对固定收入类型前 11 个月收入每月为 0.6 万元，12 月份为 3.4 万元；选择绝对月工资薪金收入类型每月收入为 0.2 万元，年终一次性奖金为 7.6 万元），在仅考虑免征额、专项附加扣除 2 000 元的情况下，员工选择哪一类型的收入模式税后收入最高？如果年税前收入上升到 20 万元，是否做出改变？在 2022 年时年收入 20 万元，又该如何选择？

(2) 假设王先生是自由职业者，当年无其他收入，在由丙公司代扣代缴个税的前提下，王先生要求本次装修税后收入最高，那么应当怎样筹划这次收入形式呢？假设只考虑免征额。

(3) 在现有条件下，2020 年李先生应纳税额为多少？是否可以通过调整捐赠收入降低应纳税额？如果可以，最优捐赠额应为多少？

（4）假设你作为一个税务咨询专家，你应该怎样进行筹划使得各项业务在顺利进展的前提下将李先生 2020 年的应纳税额降到最低呢？试着根据个案中提供的资料撰写一篇税收筹划报告，内容应包括以上问题，并陈述其他可能存在的税务问题、建议解决方案及可行的税务安排，并给出充足的判断依据。

自测与拓展

1. 关于税收筹划，以下说法正确的是（　　）。

    A. 税收筹划的目标就是减少税收

    B. 税收筹划和节税具有相同的目的和手段

    C. 税收筹划必须在合法合规的条件下进行

    D. 税收筹划以税后收益最大化为目标

2. 我国现行个人所得税的征税范围包括（　　）。

    A. 经营所得　　　　　　　　　　B. 个人综合所得

    C. 财产所得　　　　　　　　　　D. 偶然所得

3. 关于中国现行个人所得税税率，以下说法正确的是（　　）。

    A. 个人综合所得中的工薪所得采用 7 级超额累进税率，每年末汇总清算实扣实缴

    B. 个人经营所得采用 5 级超额累进税率，每年末汇总清算实扣实缴

    C. 超额累进税率表中的速算扣除数是全额累进税费与超额累进税费的差额

    D. 个人财产所得在进行相应扣除后统一采用 20% 的比例税率

4. 以下征税项目中，采用按次计征的有（　　）。

    A. 稿酬所得　　　　　　　　　　B. 财产转让所得

    C. 劳务报酬所得　　　　　　　　D. 个人经营所得

5. 居民综合所得应纳税额的计算中，以下是其扣除项的有（　　）。

    A. 五险一金　　　　　　　　　　B. 符合条件的居民个人大病医疗

    C. 免征额　　　　　　　　　　　D. 符合条件的住房贷款本金

    E. 国债利息

6. 某合伙制企业由 A、B、C 三个自然人投资组建，每人的占股比例皆为三分之一，现个人月工资为 8 000 元，年底的利润 24 万元全部进行股利分红。如果对该企业进行税收筹划，将用于分红的 24 万元全部以工资的形式发放，假如应纳税额中只考虑基本扣除，请问该筹划可以为每人节约的税费为（　　）。

   A. 5 800 元　　　　　　　　　　B. 9 000 元
   C. 5 000 元　　　　　　　　　　D. 10 000 元

7. 以下各项属于税收筹划方法的有（　　）。

   A. 家庭经营中分散产权节税
   B. 劳务合同中分期或分次取得收入节税
   C. 高低税率征税项目转化
   D. 将工资收入转换为公积金或年金
   E. 自行捐赠

8. 关于房产投资的税收筹划，以下说法正确的是（　　）。

   A. 房地产投资包括三个涉税环节：购房时的契税、印花税；出租时的房产税、增值税和个人所得税；卖房时的增值税、附加城市建设维护税和教育附加费、个人所得税等
   B. 除了满 5 年出售免征个人所得税外，居住型房产的税收筹划空间不大
   C. 商业型房地产的税收筹划主要是在房地产税上，房产税统一从价计征
   D. 房产税的计税依据是房产原值

9. 具有以下特征的自然人属于个人所得税的非居民纳税人的是（　　）。

   A. 在中国境内有住所，但没有来源于中国境内的所得
   B. 在中国境内无住所，居住时间不满 3 个月，但有来源于中国境内所得
   C. 在中国境内无住所且不居住，但有来源于中国境内的所得
   D. 在中国境内有住所，但目前尚未居住，有来源于中国境内的所得

10. 某个体工商户经营一家餐饮店，无其他收入来源。2019 年全年营业收入为 20 万元，年营业成本 6 万元，个人购买了社会基本医疗和社会养老保险，共计年保费支出 1 万元，家庭专项附加扣除合计 5 000 元，则本年年度应纳税额为（　　）。

    A. 20 万元　　　　　　　　　　B. 14 万元
    C. 8 万元　　　　　　　　　　　D. 6.5 万元

参考答案

思考习题

1. 为什么要进行税收筹划？税收筹划的最终目的是什么？

答：税收筹划是"纳税人在既定的税收法律制度框架内，通过对纳税主体（法人或自然人）的涉税行为进行事先规划和安排，以转换应税项目、高低税率调整、税收递延等方式为手段，以实现税后收益最大化为目标的一系列税务规划活动"。

税收筹划不仅是实现投资利润最大化的重要途径，也是促进投资人管理水平提升的一种方式，更是战略决策的重要内容。税收筹划作为取得收入的一种前期规划方式，其最终目的是，在既定的税收法律制度框架内，对纳税主体的涉税行为进行事先规划、安排，通过转换应税项目、税收递延、高低税率转换等方式，实现税后收益最大化。

2. 税收筹划属于事前行为、事中行为还是事后行为？

答：税收筹划属于事前行为。具体是指纳税人在符合国家法律及税收法规的前提下，按照税收政策法规的导向，通过合理安排应税所得、高低税率转换、合法调整应税项目、公益性捐赠支出等方式，事前选择税后利益最大化的纳税方案规划，安排自己的生产、经营、投资、理财和个人收入的取得等活动的一种筹划行为。

3. 税收筹划与避税、逃税之间的差别在哪里？相同点在哪里？

答：税收筹划和避税、逃税两种行为有着本质的区别。税收筹划是在现行法律法规等制度框架下，通过一系列技术手段合法地对纳税主体的涉税行为进行事先规划和安排，以实现纳税主体的税后收益最大化为目标。避税是通过个人或企业组织发挥主观能动性，对生产经营与收入取得的行为进行精心设计，利用法律的漏洞和不足来达到少交税的目的，且通常带有贬义。就税收当局的意愿而言，避税是违背国家立法意愿的体现，仅认同为形式上的合法，但同时因为避税行为暴露了当局税收法律的漏洞，较突出的避税行为也为税收法律的完善提出了建议。而逃税是指纳税人故意不遵守税法规定，不履行纳税义务的行为，采取欺骗、隐瞒手段进行虚假纳税申报或者不申报，以达到逃避缴纳税款的行为，属于违法行为。三者的相同点在于，其目标都是减少应纳税额、提高税后收益。

4. 什么是综合所得课税？课税对象包括哪些类型的所得？

答：综合所得课税是对纳税人全年各种不同来源的所得综合计算征收所得税。突出特征是无论纳税人收入来源于何种渠道、何种形式，都将对其各种来源和各种形式的收入加总求和进行课征。综合所得课税有利于体现纳税人的实际税收负担水平，符合支付能力原则或者量能课征原则，也有利于调节社会收入差距。缺点是手续复杂，要求纳税人有较高的法治意识和健全的财务会计知识，同时要求税务部门有较为先进的税收管理制度。

居民家庭取得的所有收入均可以归类为工资、薪金所得，劳务报酬所得，利息、股息、红利所得，财产租赁所得，财产转让所得，偶然所得等。我国现行个人所得税法中的综合所得的课税对象主要包括工资薪金所得、劳务报酬所得、稿酬所得和特许权使用费所得等4种所得。

5. 财富管理中的税收筹划方法包括哪些？其中心思想是什么？

答：财富管理中的税收筹划方法主要有四种：①合理安排应税所得。具体的筹划方式主要包括分散收入节税、分散产权节税、费用成本转化节税和税收延期节税。合理安排应税所得的出发点是，由于综合所得和经营所得都采用超额累进税率，为了降低应纳税额，可以通过前述四种途径进行税收筹划，以达到避免一次收入过高而使用高税率的情况。②高税率项目与低税率项目转化。其出发点是，不同的收入类型或不同的征税方式会使用不同的税率，使得纳税人可以事先安排其收入方式从高税率税项向低税率税项转换，以达到降低税负的目的。③合法调整应税项目。具体的筹划方式主要包括：将工资、薪金收入转换为其他低税率的收入，将工资收入转换为住房公积金，将工资收入转换为职业类年金，将工资收入转换为个人税收递延型保险。该筹划的出发点是，将工薪收入转换为低税率项目、免征项目或者税收递延项目，以减少当期应纳税额。④公益性捐赠支出。该筹划是基于我国税法规定，个人或企业将其所得通过中国境内的社会团体和国家机关向社会公益事业及遭受严重自然灾害地区、贫困地区的捐赠，允许从应纳税所得额中扣除（扣除标准以申报应纳税所得额的30%为限）。

税收筹划的实施，首先需要确认运用不同税率的应纳税收入的类型、免征税收入、税收优惠与递延收入；其次要准确把握扣减项目；再次要注意经济契约关系的变化，经济契约关系、合同模式的改变等也会引起税收的变化。税收筹划的中心思想是实现税后收益最大化。

6. 如果考虑闲暇时间成本，税收筹划是否一定符合纳税人的利益？

答：不一定，税收筹划是一个非常复杂的系统工程，需要收集大量的税收法规、会计的信息，还要结合税收法规对企业的生产经营业务进行分析、测算，同时需要花费大量时间与中介机构或税务机关沟通。一个成功的税收筹划都不是独立的，需要协调各方面的关系，需要耗费大量的时间。而且，税收筹划实施过程中，也需要大量的时间来操作，时间成本取决于税收筹划方案的复杂程度。如果将时间成本转化为货币成本（小时工资×税收筹划的耗时数），那么真正符合纳税人利益最大化的税收筹划应该满足考虑了时间成本后的纳税筹划边际成本等于纳税筹划边际收益的最优化条件。

计算题

题干略。

解：根据现行个人所得税法的相关规定，年度综合所得内的免征额为 60 000 元，假设不考虑专项扣除和专项附加扣除；假设此处股票期权所得为行权时取得股票的实际购买价格（施权价）低于购买日公平市场价的差额，是员工因好的工作表现和业绩情况而取得的劳动所得，故该金额独立按照"工资、薪金所得"使用超额累进税率单独计征；根据《财政部、国家税务总局关于个人所得税法修订后有关优惠政策衔接问题的通知》（财税〔2018〕164 号）的规定，在 2021 年 12 月 31 日前，全年一次性奖金不并入当年综合所得，以全年一次性奖金收入除以 12 个月得到的数额，按照本通知所附按月换算后的综合所得税率表（以下简称月度税率表，见表 12-1），确定适用税率和速算扣除数，单独计算纳税。

表 12-1　按月换算后的综合所得税税率表

级数	应纳税所得额	税率（%）	速算扣除数
1	不超过 3 000 元	3	0
2	超过 3 000 元至 12 000 元的部分	10	210
3	超过 12 000 元至 25 000 元的部分	20	1 410
4	超过 25 000 元至 35 000 元的部分	25	2 660
5	超过 35 000 元至 55 000 元的部分	30	4 410
6	超过 55 000 元至 80 000 元的部分	35	7 160
7	超过 80 000 元的部分	45	15 160

根据上述假设和规定，则有：

（1）总应纳税额 = 综合所得应纳税额 = (5 000 000 - 60 000) × 45% - 181 920 = 2 041 080（元）

（2）一次性奖金应纳税额＝（60 000/12×10%－210）×12＝60 000×10%－2 520＝3 480（元）

期权应纳税额＝60 000×10%－2 520＝3 480（元）

综合所得应纳税额＝（4 880 000－60 000）×45%－181 920＝1 987 080（元）

总应纳税额＝3 480＋3 480＋1 987 080＝1 994 040（元）

（3）一次性奖金应纳税额＝2 000 000×45%－181 920＝718 080（元）

期权应纳税额＝2 000 000×45%－181 920＝718 080（元）

综合所得应纳税额＝（1 000 000－60 000）×35%－85 920＝243 080（元）

总应纳税额＝718 080＋718 080＋243 080＝1 679 240（元）

（4）一次性奖金应纳税额＝900 000×35%－85 920＝229 080（元）

期权应纳税额＝3 000 000×45%－181 920＝1 168 080（元）

综合所得应纳税额＝（1 100 000－60 000）×45%－181 920＝286 080（元）

总应纳税额＝229 080＋1 168 080＋286 080＝1 683 240（元）

答： 根据税后收益最大化原则，应选择具有最小总应纳税额的第三个方案。

案例讨论： 2020年个人投资税务筹划

题干略。

（1）现假设乙企业销售类员工2020年最终年税前收入均为10万元（选择相对固定收入类型前11个月收入每月为0.6万元，12月份为3.4万元；选择绝对月工资薪金收入类型每月收入为0.2万元，年终一次性奖金为7.6万元），在仅考虑免征额、专项附加扣除2 000元的情况下，员工选择哪一种类型的收入模式税后收入最高？如果年税前收入上升到20万元，是否做出改变？在2022年时年收入20万元，又该如何选择？

答： 根据案例假设条件，员工税前年收入为10万元时：

第一，相对固定收入模式（前11个月收入每月为0.6万元，12月份为3.4万元）

由于其最终12月份的加薪非一次性奖金，因此只能按照综合所得缴纳个人所得税，所以这类方式的应纳税额为：应纳税所得额＝11×6 000＋34 000－60 000－2 000×12＝16 000（元），处于第一档税率，因此应纳税额＝16 000×3%＝480（元）。

第二，绝对工资收入模式（每月收入为0.2万元，年终一次性奖金为7.6万元）

根据现行制度，将一次性奖金与工资薪金分开计税，那么有：

工资应纳税所得额＝2 000×12－60 000－2 000×12＜0，此部分收入无须纳税。

一次性奖金应纳税额＝76 000×10%－2 520＝5 080（元）

第三，推销提成收入模式（以当月员工销售额的5%发放业绩奖金，年终无一次性奖金）

因月度奖金计入年度综合所得，所以与第一种纳税方式相同，故最终应纳税额为480元。

员工税前年收入上升到20万元时：

第一，相对固定收入模式：（前11个月收入每月为0.6万元，12月份为13.4万元）

$$应纳税额=(200\,000-60\,000-2\,000\times12)\times10\%-2\,520=9\,080（元）$$

第二，绝对工资收入模式：（每月收入为0.6万元，年终一次性奖金为12.8万元）

根据现行制度，将一次性奖金与工资薪金分开计税，那么有：

工资应纳税所得额=72 000-60 000-2 000×12<0，此部分收入无须纳税。

$$一次性奖金应纳税额=128\,000\times10\%-2\,520=10\,280（元）$$

第三，推销提成收入模式（以当月员工销售额的5%发放业绩奖金，年终无一次性奖金）

因月度奖金计入年度综合所得，所以与第一种纳税方式相同，故最终应纳税额也为9 080元。

结论：在这两种收入水平下，都是相对固定收入模式和推销提成模式为更优选择。在2022年及以后，这三种收入纳税方式将一致，没有税收筹划的操作空间。

（2）假设王先生是自由职业者，当年无其他收入，在由丙公司代扣代缴个税的前提下，王先生要求本次装修税后收入最高，那么应当怎样筹划这次收入形式呢？假设只考虑免征额。

答：由于王先生从此次装修获得的税前收入总共为60 000元，如果考虑免征额，则应税所得额为0，不需要对收入形式进行税收筹划。

（3）在现有条件下，2020年李先生应纳税额为多少？是否可以通过调整捐赠收入降低应纳税额？如果可以，最优捐赠额应为多少？

答：根据个人所得税计算方式，属于综合所得部分应当按照个人所得综合所得税税率表计征，属于经营所得部分应当按照经营所得税率表计征。我们先暂时不考虑捐赠支出扣除的问题。

第一，按照综合所得

$$应纳税所得额=(10\,000+15\,000+8\,000)\times12-60\,000-(1\,000+1\,000+1\,000)\times12=300\,000（元）$$

$$应纳税额=300\,000\times20\%-16\,920=43\,080（元）$$

第二,按照经营所得

$$应纳税所得额 = 400\,000 + 120\,000 + 100\,000 = 620\,000（元）$$

$$应纳税额 = 620\,000 \times 35\% - 65\,500 = 151\,500（元）$$

根据个人所得税法,捐赠支出可以任意选择其中一方进行扣除,只要不超过应纳税所得额的30%即可,而李先生两类收入的30%均高于捐赠的5万元,因此都符合要求。

如果选择在综合所得中扣除,那么应纳税额 = $(300\,000 - 50\,000) \times 20\% - 16\,920 = 33\,080$ 元,相比捐赠之前少缴纳了 $43\,080 - 33\,080 = 10\,000$ 元税款;

如果选择在经营所得中扣除,那么应纳税额 = $(620\,000 - 50\,000) \times 35\% - 65\,500 = 134\,000$ 元,相比捐赠之前少缴纳了 $151\,500 - 134\,000 = 17\,500$ 元税款。

捐赠支出在经营所得中扣除可节约更多的税费,所以应该选择在经营所得中进行扣除。

在现有条件下,考虑捐赠支出后,李先生本年度应纳税额 = $43\,080 + 134\,000 = 177\,080$（元）。

假设捐赠支出为 X 元,如果满足 $151\,500 - [(620\,000 - X) \times 35\% - 65\,500] \geqslant X$ 则捐赠可以增加税后收益,根据前式可得此时 $X \leqslant 0$,因此无法通过捐赠获得最大税后收益,或者说最优捐赠为0。

（4）假设你作为一个税务咨询专家,你应该怎样进行筹划使得各项业务在顺利进展的前提下将李先生2020年的应纳税额降到最低呢?试着根据个案中提供的资料撰写一篇税收筹划报告,内容应包括以上问题,并陈述其他可能存在的税务问题、建议解决方案及可行的税务安排,并给出充足的判断依据。

答: 就本案例而言,筹划的要点有四个。

（1）是否应该购买房屋。按照市场回报率,500万元的投资年回报为30万元,但租房需要花费40万元,因此在不考虑房产价值变化和折损的情况下,租房成本更高。此时租房后经营所得税后收入减少 = 10万×实际收入对应税率 − 速算扣除数。如果将500万元用于投资建房,在考虑折旧的情况下,那么在房屋残值为0之前无疑选择这一方式税后收益更高。

（2）通过捐赠降低应纳税额。从分析可以看到,降低税率档次才是减税的关键。当然从经营所得中扣除捐赠支出可以减少应纳税所得额和应纳税额,同时满足了自身的捐赠需求。但是,如果李先生期望税后收入最大化,那么应当考虑通过捐赠导致的节税额与捐赠金额之间的对比关系,只有当捐赠的节税额大于捐赠支出时,该税收筹划才是合适的。

(3) 经营所得与工资性收入问题。个人所得综合税率与经营所得税率档次有差异,税率也有差异。以李先生现有收入而言,税前应纳税所得额共计 1 016 000 元,如果全部转化为综合所得或经营所得都将面临 35% 的高税率档次,此时将收入进行拆分,降低税率,更有利于提高税后收入。修改收入拆分的参考节点为:将经营所得规划为 500 000 元,经营所得税率为 30%,在这一拆分下综合所得额 516 000 扣除专项扣除 60 000、专项附加扣除 36 000 和捐赠支出 50 000 后的应税所得额为 370 000 元,适用税率为 25%,总税负为 170 080 元。较之前节约税收 7 000 元。

(4) 收入分散承担降低税收。李先生个人工资无法在经营所得中作为成本扣除,但如果其给家人开具工资薪金,一方面可以作为成本在经营所得征税前扣除,另一方面将降低李先生个人的纳税级次,相当于将部分收入以低税率的形式进行了纳税,从而减少总税负。

自测与拓展

题号	1	2	3	4	5	6	7	8	9	10
答案	CD	ABCD	BCD	AB	ABCE	A	ABCD	AB	BC	D

第 13 章
CHAPTER13

财富科技

本章回顾

13.1 财富科技的发展历史与驱动因素

财富科技是指一切可以帮助投资者做出更好的财富管理与资产配置决策的软硬件技术。这些技术帮助资产管理人以更低的成本为投资者创造更高的收益。财富科技是金融科技在财富管理中的运用。财富科技经历了四个发展阶段：手工交付阶段、机械化阶段、计算机网络化阶段和认知计算阶段。目前我们正处于认知计算的起步阶段。认知计算指的是能够不断学习的系统，它能够有目的地进行归因分析，并且能与人类实现自然的交互。该阶段的财富科技主要表现为互联网、大数据和人工智能在原有财富管理链条的广泛应用。

推动现阶段财富科技发展的因素主要有三个方面：①软硬件技术的发展。伴随芯片处理能力的迅速发展，计算机的并行计算极大提升了运算速度；云储存与云计算技术的飞速发展以及移动终端网络的普及，先进的网络基础设施使个人用户可以用非常低的成本调用最前沿的计算技术帮助自己进行财富管理，也使财富管理机构以更低的成本调用最前沿的网络与计算机技术为客户提出更有效的财富管理解决方案。强大计算能力的出现使得各类数据信息爆炸式增长，多来源、多类型、大量的实时数据可以从多个不同角度对现实进行更逼真的描述，为机器学习和人工智能的应用奠定了大数据基础。海量数据和信息的处理除了依赖硬件的计算速度，还依赖处理这些数据和信息的模型和算法。自然语言处理、机器学习和人工智能算法的发展，极大地提升了财富管理服务的速度与质量，也为财富管理产品、服务与盈利模式的创新提供了技术支持。②信息化时代的财富管理客户需求。数字化技术的发展使财富人群首选的财富管理主体渠道从原有的面对面、电话、网站逐步转移到移动应用上来。为满足不同的财富管理分项需求，客户以往要从多个不同类型金融机构寻求服务，现阶段可以利用财富科技在第三方财富管理平台上获取服务，降低交易成本，增加规模效应。由于获取数据与信息的渠道具有公开、透明甚至免费的特点，客户将降低对服务收费模式的偏好。③透明度和监管要求。严格的监管迫使资产管理行业及其服务供应商改变基金的产品特性和服务条款，改善监管架构及投资者披露，改变行销渠道、修正商业模式、升级合规及风险管理功能等。机构可以借助财富科技实现财富管理链条的自动化与智能化，同时，可以以更低的成本对现有合规系统进行升级，以应对未来监管需求。

13.2 财富管理链条上的新技术应用

财富科技的最直接体现是新技术在财富管理链条中的应用，包括客户获取、客户画像、资产配置、执行与监督等。①客户获取。财富管理机构可以借助财富科技对客户的已有网络数据进行分析，包括财务数据与非财务数据，了解不同类型的客户偏好特征，并依据潜在客户的不同偏好特征，与现有客户特征和产品偏好进行匹配，得到更适合潜在客户的产品和服务，再确定营销渠道，有针对性地推广，提高获客能力。②客户画像。财富科技的发展使得财富管理机构可以通过网络上记录的客户行为数据自动化得出客户的精准画像，包括客户的财务状况、风险状况和客户的保障需求等。③资产配置。传统资产配置服务中，可能因为可投资品种类繁多、风险资产回报率估计困难、投资者风险偏好随生命周期动态变化等原因引起的极高配置成本而导致对最优资产配置状态的偏离。财富科技的发展使得资产管理机构可以运用神经网络算法、动态规划算法、随机规划算法等优化模型和算法同时分析不同变量之间存在的复杂关系并进行动态全局优化，为客户实现更优的资产配置。④执行与监督。金融科技使得投资者可随时随地获取投资组合相关信息，公开透明的产品信息也赋予了客户更多选择，透明的历史交易信息、实时持仓、收益信息让投资者更清楚地掌握自己的投资动态，极大地节省了执行的时间和交易成本。另外，通过大数据与云计算，财富管理机构能够轻松地对客户投资组合进行大规模的监控，节约以往风险测度、跟踪和控制所需要的大规模人工成本；同时，客户自身也可以通过自定义风险度量与提示机制，让系统推送更贴合客户需求的风控信息。

13.3 智能投顾

智能投顾是基于互联网技术的财富管理模式，利用互联网技术测定用户的风险偏好以及风险承受能力，进而为用户定制个性化的投资方案，进行大类资产投资组合推荐，并对投资组合进行实时监控和自动再平衡。个性化的专业定制服务与低费率是推动智能投顾发展的两大动因。智能投顾的低投资门槛和低费率特点使得财富管理市场快速下沉，扩大了市场规模，提高了市场流动性。传统的人工投顾主要是"卖方投顾"，以产品销售为中心，智能投顾属于"买方投顾"，以客户利益为中心。智能投顾条件下，可选资产池更丰富，对风险资产的期望回报和协方差矩阵等参数的估计更准确，标准化的智能算法避免了人工投顾水平参差不齐的问题。智能投顾与量化投资存在一定的相似性，但二者侧重点不同。与量化投资侧重于投资组合的 Alpha 系数，且追求经过风险调整后的超额收益不同，现阶段智能投顾总体属于被动投资，更侧重投资组合的 Beta 系数，不以追求高收益为目标，而是追求长期稳定收益为主，投资组合的收益是经系统性风险调整后的收益。

智能投资顾问服务的核心流程主要包括客户画像、大类资产选择、投资组合优化、再平衡、税损收获等，其中相对更加重要的是大类资产选择、投资组合优化与再平衡这三个流程，它们是现有智能投顾平台的核心竞争点。根据智能投顾系统所关注的核心流程的不同，可以将全球智能投顾平台的商业模式划分为机器人投顾、人机结合投顾、纯咨询建议投顾、顾问平台四类。智能投顾相较于传统人工投顾虽然有其明显的优势，但也面临新的风险，主要体现在数据开源与客户隐私的平衡、潜在的技术缺陷和利益冲突问题。因此对智能投顾的监管重心应放在三个方面：①智能投顾系统中所采用的算法结构；②客户画像的形成和分析，主要针对机构评估客户风险承受能力和风险偏好的流程；③投资组合的建立，要求机构提高服务水平以及避免投资组合引起的利益冲突。

关键概念与概念理解

关键概念	概念理解
财富科技	金融科技在财富管理中的应用
金融科技	大数据、云计算、人工智能、区块链等技术创新在金融业务领域的应用
认知计算	包含信息分析、自然语言处理和机器学习等人工智能技术创新，是模拟人脑认知过程的计算模式
大数据技术	依托云计算对海量数据进行数据获取、存储、管理和分析的技术手段
机器学习	是人工智能的核心，是通过对经验的归纳和综合自动学习并改进计算机算法的技术
人工智能	应用计算机软硬件模拟人类的思维过程和智能行为以达到由机器替代人工的目的
推荐系统	利用大数据处理、机器学习和人工智能算法等技术向潜在客户推荐更合适的产品与服务的计算机系统
智能投顾	利用互联网技术测定用户风险容忍度与承受能力，为用户制定个性化投资方案，并对投资组合进行实时监控以达到投资组合再平衡的互联网财富管理模式
再平衡	针对投资者风险偏好的变化或大类资产未来收益与风险的变化进行投资组合的自动优化，是智能投顾的核心内容。

思考习题

1. 从需求端和供应端分开看，哪些因素推动了财富科技的发展？
2. 个人投资者的哪些数据可以被用来进行客户画像？
3. 怎样的财富科技生态体系最具有留存客户的能力？
4. 智能投顾的模式分类与具体流程如何？智能投顾与人工投顾的关系如何？

5. 简述中国 ETF 市场的发展现状及其与发达经济体的 ETF 的差距。中国 ETF 市场能否支撑国内智能投顾的发展？

6. 智能投顾能否与量化投资相结合，为高金融素养客户提供积极投资管理工具？

7. 智能投顾的发展是否会减少散户投资者的数量并且提升资本市场效率？

案例讨论：Beta 理财师平台㊀

1. 案例背景

随着我国经济四十多年来的高速增长，我国居民家庭的财富积累也保持着较快速度的增长。财富管理需求也快速增加，理财师（或财富管理顾问）这一职业逐渐进入人们的视野。财富管理顾问是为客户提供全面的财富管理规划的专业人士。目前国内财富管理顾问的主要收入来源是金融产品销售的佣金。在传统金融机构中，由于产品销售的环节复杂，服务的客户数量众多，财富管理顾问往往面临佣金收入低、产品配置单一、工作效率低等诸多痛点。

2. 解决方案：理财师服务平台

与传统金融机构相比，新兴的理财师服务平台具有诸多的优点。一方面，对于传统金融机构，理财师的 KPI（关键绩效指标）是金融产品销售规模，因此，理财师倾向选择高收入、高翻台的产品，与客户的利益可能产生冲突。而在理财师服务平台，理财师无须过度背负销售指标，可以从客户的财富资产配置角度出发，真正为客户着想。另一方面，理财师平台可以有效压缩中间环节，实现金融产品—理财师—客户的直接对接。渠道成本的压缩既提高了客户收益率，同时降低了资产端的成本。下面以 Beta 理财师为例介绍理财师服务平台。

（1）公司概况。Beta 理财师是一个新兴的理财师服务平台，旨在帮助理财师快速解读市场和金融产品，做好资产配置和售后服务。Beta 理财师资产配置平台能够协助理财师可视化展示各类金融产品、分析客户持仓资产和配置，并自动生成客户投资报告。

（2）Beta 理财师 App。该 App 主要服务于理财师群体，是为国内各类财富管理机

㊀ 该案例取材自 36 氪调研报告（第 36 期）——Beta 理财师。

构的理财师提供金融产品查询与演示、客户资产配置与持仓组合诊断报告、金融市场解读等问题的一站式解决方案平台。基于对权益产品研究和评价，同时结合资产配置工具，Beta 理财师比较擅长于权益产品的配置与销售，所精选和配置的产品中 80% 以上为阳光私募、定增、股权等产品。

（3）Beta 理财师的金融产品数据库。该数据库由各个金融产品发行方发行的产品和自己发行的 FOF 产品组成，汇集了行业内 100 多万款金融产品和 1 万多名基金经理的相关数据，并实时更新。同时，平台具有比较严格的风控制度，云端能利用大数据对产品进行实时的计算分析，并给出相应的评价，研究筛选出比较优秀的金融产品提供给理财师。

目前，每名理财师平均管理客户 80～150 名，每名客户所选的理财产品、时点、购买金额、风险承受能力均不同，对客户的管理一直是理财师的工作痛点。Beta 理财顾问工作站能够清晰记录不同客户的不同需求，并一键完成对所有客户的管理。同时，平台能够实时监控理财产品的动向，根据客户的情况，计算出合适的资产配置比例，并为出现问题的客户推荐相应的产品。Beta 理财师为理财师提供在线开店的平台，理财师利用手机就可以开店赚取佣金。金融产品数据库中的全部产品都可以在微店中上架，并可以在 PC 端设定选择偏好，与移动端实时同步。后台的数据分析系统可以实时统计推广效果，追踪一手客户，提升客户的留存率，降低运营成本，优化服务效率。

（4）多渠道交流平台：打造一站式成长交流平台

Beta 理财师为理财师提供了全面的学习交流平台，组织资产管理行业的专家团队编订针对理财师的学习读物。出版物内容宏观到财富管理行业的研究分析、资产配置理论的原理落地，微观到理财师如何服务客户、怎样为客户做配置、如何自我成长进阶等各种技能总结分享。同时，Beta 理财师还为理财师组织线下的培训、路演活动，目前在于提高理财师的相关技能。Beta 理财师旗下还运营有 Beta 财富管理、Beta 理财经理家园、Beta 理财顾问工作站三个微信平台，平台之间定位交错。Beta 理财师拥有研究、服务两个团队，一个负责服务客户，另一个负责维系客户。目前微信平台和 Beta 理财师软件的用户重合度达到 80% 以上，Beta 理财师平台旨在通过微信平台连续不断的内容输出吸引新的用户，同时增加用户的黏性。

（5）商业模式

目前 Beta 理财师平台的盈利主要依靠理财师用户的服务费。由于 Beta 理财师直接打通了金融产品销售的中间环节，降低了销售的物理成本，有助于理财师、平台双向提高收入，也使得前后端的议价能力提升。

3. 案例启示

互联网、移动通信以及客户群体的升级使得财富管理的服务模式可以不断改善和创新。虽然智能投顾的发展速度越来越快，但是传统的投顾依然有其独特的竞争优势。借助新兴技术，传统的投顾可以以全新的面貌和模式重新出发，与智能投顾相互合作，共同打造未来的财富管理系统。

4. 案例问题

（1）理财师服务平台和数字化财富管理机构有何异同？

（2）未来财富管理机构的运营方式会是怎么样的？

自测与拓展

1. 推动现阶段财富科技发展的因素有（　　）。

   A. 信息化时代财富管理客户群体的变迁，要求成本更低、收益更高、服务更便捷和更个性化的定制方案

   B. 监管要求的提升

   C. 网络与计算机软硬件技术的发展

   D. 计算机网络化发展

2. 财富科技发展到认知计算阶段的软硬件技术包括（　　）。

   A. 运算速度与网络基础设施

   B. 大数据

   C. 自然语言处理、机器学习与人工智能算法

   D. 区块链技术

3. 信息化时代财富管理客户特点变化的基本趋势有（　　）。

   A. 注重全天候的即时服务、参与和体验

   B. 自我导向的财富管理者

   C. 习惯通过网络免费获得信息和服务

   D. 偏好前往金融机构营业部面对面地接受服务

4. 未来金融服务业发展的趋势有（　　）。

   A. 财富咨询与管理服务的成本随着财富科技的发展将逐步上升

   B. 自动化技术将复杂的财富管理服务对象拓展至中产阶级及大众市场客户

   C. 客户交互和服务将更多通过网络和移动渠道得以实现

   D. 客户将获得与其投资相关的更大可见性并更容易进行调整

   E. 中产与大众市场客户将受益于更加个性化的服务和建议

5. 关于财富科技应用条件下的客户画像，以下说法正确的是（　　）。

   A. 需要客户当面回答许多与风险有关的问题进行风险画像

   B. 财富管理机构可以通过客户行为数据自动得到客户画像

   C. 不利于解决客户认知偏差与心理偏差导致的画像失真问题

   D. 可以更多采用客户的财务数据与非财务数据获得更加精准的客户画像

6. 关于财富科技应用条件下的资产配置，以下说法正确的是（　　）。

   A. 有利于解决资产配置的动态优化和全局优化问题

   B. 利用新技术预测市场走势时可能遭受不必要信息的干扰，影响预测结果的可靠性

   C. 人工主导的投资顾问服务效果必定优于财富科技主导的投资顾问服务

   D. 能够通过考虑大量因素的多期动态模型更好地解决各类资产组合的协同调整问题

7. 以下说法中，属于智能投顾优势的是（　　）。

   A. 大大节约了供需双方在各环节的时间成本和货币成本，低费率特征显著

   B. 原来服务于高端财富客户的个性化与专业化的财富管理定制服务向大众市场下沉拓展

   C. 利用智能投顾能够获得更精准的客户画像和解决方案

   D. 投资组合推荐和自动再平衡的流程可以更好地实现以客户为中心的服务模式

8. 关于智能投顾与量化投资关系的描述，以下说法正确的是（　　）。

   A. 智能投顾更侧重获取经系统风险调整后的收益，即侧重投资组合的 Beta 系数

   B. 量化投资更侧重获取经风险调整后的超额收益，即侧重投资组合的 Alpha 系数

   C. 智能投顾更多关注市场上被错误定价的资产

   D. 量化投资的资产池主要是由大类资产指数组成

9. 智能投顾的核心流程包括（　　）。

   A. 客户画像

   B. 大类资产选择

   C. 投资组合优化

   D. 再平衡

10. 关于智能投顾存在的风险，以下说法合理的有（　　）。

    A. 潜在的技术缺陷导致智能投顾在应对黑天鹅事件或人类复杂情绪时可能失效

    B. 智能投顾的咨询费与佣金并行的收入模式可能导致利益冲突问题

    C. 在网络安全技术遭遇挑战时可能导致数据开源和客户隐私方面难以平衡

    D. 可能存在冗余信息对执行效力的干扰

参考答案

思考习题

1. 从需求端和供应端分开看，哪些因素推动了财富科技的发展？

答：从需求端来看，财富管理客户群体的变迁推动了财富科技的发展。随着互联网与移动通信的飞速发展，人们已经习惯通过网络和社交软件与外界联系，更习惯通过网络免费获得信息与服务。现今的年轻客户更加看重服务、参与以及体验，更愿意成为自我导向、自己动手的财富管理者，更适应前沿的财富科技。随着老龄化社会的到来，数以万亿计的财富很快转移到新一代客户手中。他们拥有新的偏好渠道、服务偏好和风险偏好，更偏好接受电子化与智能化的财富管理服务。能够运用最前沿的财富科技整合不同类型的财富管理服务的财富管理机构才能在未来行业中立于不败之地。

从供给端来看，计算机软硬件技术的发展推动了财富科技的发展。网络基础设施（通信速度的提升和移动终端网络的普及）建设与芯片处理能力的迅速发展为计算机的高速运算、信息的快速传播与海量储存（云计算与云储存）等奠定了基础；同时，多来源、实时、大量、多类型的数据从不同角度对现实进行更为逼真的描述，为机器学习与人工智能应用奠定了大数据基础，财富管理机构可以通过整合互联网信息、个人数据和第三方金融机构数据等大数据来形成客户的综合性财务与非财务数据；自然语音处理、机器学习与人工智能算法的发展与应用使得财富管理已有业务的边际成本大幅度下降，同时极大地提升了财富管理服务的速度与质量。

2. 个人投资者的哪些数据可以被用来进行客户画像？

答： 进行客户画像的数据主要包括个人投资者客户的财务信息和非财务信息。财务信息包括资产与负债状况、现金收入与支出状况以及以社会保障与风险管理为主的其他财务状况信息；非财务信息包括客户个人或家庭的基本信息、风险容忍度与风险承受能力、财富价值观与行为偏好以及财富管理目标等信息。

财富科技的发展使得财富管理机构可以对客户画像。对于非财务信息，可以通过客户的行为数据与行为分析技术为每个客户形成单独的风险画像，也可以通过语音识别技术获取客户偏好，还可以通过聊天机器人与客户的互动（比如互动游戏）获取客户偏好；对于财务信息，机构可以只要求客户输入关键数据，即可自动化编制客户个人资产负债表和现金流量表，并自动化分析客户的相关财务比率，结合非财务数据自动生成更加合适的财富管理规划。

3. 怎样的财富科技生态体系最具有留存客户的能力？

答： 在财富科技的强力支撑下，财富管理机构要提升留存客户的能力，就需要将新技术应用在包括客户获取、客户画像、资产配置、执行与监督等环节的财富管理链条中，提升每一个环节的效率和竞争力，并基于客户价值管理、投资顾问、产品评价与整合、营销与团队管理和渠道资源整合等核心内容，打造完整的财富科技生态体系。

首先，在客户获取方面，财富管理机构利用财富科技来实现高效与精准的营销和个性化服务，通过分析已有客户的大数据，更清晰地了解不同类型客户的偏好特征，并依照不同类型的潜在客户向其有针对性地推广，构造并实施个性化的产品推荐。其次，在客户画像方面，财富管理机构可以运用财富科技，根据客户行为大数据，采用行为分析技术自动得出更加精准和完善的客户画像，更准确地解析客户的风险容忍度、更高效地分析客户的财务状况与非财务信息，并自动根据客户的风险承受能力与客户需求生成更贴合客户目标的财富管理规划。再次，在资产配置方面，应用财富科技的智能投顾系统，可以通过云计算和并行计算对含有大量因素的多期动态模型实现最优化求解，解决传统资产配置的难题，并可以通过大数据、机器学习和人工智能的应用，利用非线性模型对市场和单个金融产品的走势进行更加准确的预测。最后，在执行与监督方面，数字化的财富管理平台赋予了客户更多的自主权与选择权，并提高了信息透明度，使得财富管理机构对客户投资组合进行大规模监控存在可能。

4. 智能投顾的模式分类与具体流程如何？智能投顾与人工投顾的关系如何？

答：根据智能投顾系统所涉及的核心流程不同，全球智能投顾平台的商业模式可以分为机器人投顾、人机结合投顾、纯咨询建议投顾和顾问平台四类。在机器人投顾模式下，交易决策和执行都由机器人进行，人工只在必要时进行有限干预或者完全不干预；在人机结合投顾模式下，在交互环节可选择人工服务进行咨询和调整，可以通过结合人力资源的优势和自动化的智能算法优势，这不仅能降低成本，而且能提供更好的人性化服务；在纯咨询建议投顾模式下，平台只是单纯提供建议，交易的决策和执行均为投资者本人；在顾问平台模式下，其服务对象为财富管理机构，平台为财富管理机构提供算法或者系统，帮助财富管理机构快速、低成本上线智能投顾服务。智能投顾的核心流程主要包括客户画像、大类资产选择、投资组合优化、投资组合再平衡和税收规划。

人工投顾与智能投顾的关系体现在两个方面。首先，二者存在相互协作与补充的关系。在人工投顾服务用户的时候，可以利用智能投顾提升整体的服务效率，同时人工投顾的服务经验也可以作为提升智能投顾服务质量的重要指导。其次，二者也存在一定程度的竞争与替代关系。与人工投顾相区别，智能投顾是以客户为中心的买方投顾，同时具有更加丰富的资产池和更高效的资产组合能力，还可以避免人工投顾质量不一的问题，容易形成品牌口碑，具有信息透明、服务便捷、风控成本低等优势，在获客、产品推荐、营销渠道和风控等环节都存在极大优势，可能导致在相关环节对人工投顾的替代。

5. 简述中国 ETF 市场的发展现状及其与发达经济体的 ETF 的差距。中国 ETF 市场能否支撑国内智能投顾的发展？

答：ETF 是指交易型开放式指数基金，ETF 产品跟踪各种不同类型的资产指数，通过被动复制目标指数的成分股来进行投资。截至 2020 年底，全球 ETF 市场产品规模高达 8 万亿美元，其中美国 ETF 市场产品总数近 2500 支，资产规模超过 5 万亿美元，占同期全球总规模的 68%，为全球最大 ETF 市场。中国 ETF 市场发展较晚，没有欧美市场那么成熟，但近几年中国 ETF 市场获得了跨越性的发展，2020 年产品规模突破万亿元人民币。ETF 市场的跨越性发展，不仅仅表现在产品数量和管理规模的快速攀升，其品种也在不断丰富，产品创新迭出，市场的广度和深度也在不断拓展。

中国 ETF 市场以及智能投顾都处在初级发展阶段。大部分的智能投顾平台采取投资 ETF 的方式而不是投资具体的股票，但由于 ETF 市场尚处在初级发展阶段，在需要做比较全面的大类资产选择时，需要借助其他基金产品。

6. 智能投顾能否与量化投资相结合，为高金融素养客户提供积极投资管理工具？

答：量化投资是基于金融学、统计学、计算机科学、大数据、机器学习与人工智能等理论与算法，对风险资产回报的期望值、协方差矩阵以及其他分布参数进行估计，并在此基础上根据不同的目标进行策略设计与交易实现。其核心是对风险资产的随机回报率分布的估计，更侧重关注投资组合的 Alpha 系数，挖掘市场上被错误定价的资产。而智能投顾现阶段总体属于被动投资，以追求长期稳定的收益为主，侧重关注投资组合的 Beta 系数，其投资资产池主要由 ETF 或者大类资产指数组成。

量化投资是一种投资手法，而智能投顾是一个投资体系。在智能投顾的战术资产配置里，可以使用量化投资的手法来增强战术资产的收益与配置。二者可以适当结合，为高金融素养客户提供积极的投资管理工具。

7. 智能投顾的发展是否会减少散户投资者的数量并且提升资本市场效率？

答：智能投顾门槛低，费用低，效率高，能够大大吸引"长尾用户"的中低净值人群客户，扩大财富管理服务对象；智能投顾催生了新的财富管理服务机构，提高了市场竞争程度，除了传统金融机构外，还出现了独立第三方财富管理机构，以技术驱动的智能投顾创业公司和转型中的互联网金融公司为主；智能投顾通过对财富科技的应用，在客户获取、客户画像、大类资产配置以及执行与监督环节存在成本和核心竞争优势，是资本市场发展的有力助推。以此看来，智能投顾的发展的确可以提升资本市场效率。

但是，智能投顾本身存在数据开源与客户隐私的平衡、潜在的技术缺陷、利益冲突、辅助的人工服务欠缺、盈利模式模糊等问题，财富管理市场也面临投资者教育欠缺等问题，导致智能投顾在中国的发展前景模糊，是否会减少散户投资者的数量尚未可知。

案例讨论： Beta 理财师平台

题干略。

（1）理财师服务平台和数字化财富管理机构有何异同？

答：理财师服务平台和数字化财富管理机构的相同点：都是财富管理平台，连接着发行市场与投资者，均通过互联网平台进行投资咨询，省去了实体网点，节省了成本。

二者的不同点：理财师平台主要是为理财师提供获客及投资建议的平台，数字化财富管理机构侧重于服务长尾客群，针对每个具体客户提供定制投资建议，真正做到买方投顾。

（2）未来财富管理机构的运营方式会是怎么样的？

答：从提供固定产品，到定制个性化财富管理解决方案。下一代机器学习分析工具将帮助机构从支离破碎的信息中建立有意义的关联，财富管理机构能够在一开始就为客户提供匹配度最高的精选方案，而无须拿出令人眼花缭乱的产品让客户不知所措。

从以产品和规模取胜，到客户关系驱动增长。金融科技和科技平台的兴起压低了资产交易和托管服务等核心业务领域的服务费用，并以更低的价格提供度身定制的投资建议与资产组合管理。另外，热衷于财富科技的年轻一代客户习惯了免费获取网络资源，缺少为服务付费的意识和习惯，因此，财富管理机构的利润率将持续承压。未来，财富管理机构一方面不得不满足客户日渐增多的需求，另一方面则要调用目前的少量资源，找到价值驱动的全新方式。

加强数据与数字化建设。机构必须将数字化技术与自身业务和运营模式全面整合，并围绕业务和客户需求决定工具的使用与实践的开展。

自测与拓展

题号	1	2	3	4	5	6	7	8	9	10
答案	ABC	ABCD	ABC	BCDE	BD	AD	ABCD	AB	ABCD	ABC

《财富管理》模拟试卷

考核方式：闭卷/开卷笔试　满分：100分　考试限时：120分钟

说明：允许考生使用学生计算器或财务计算器。

一、简答题（每小题8分，共40分）

1. 居民的储蓄动机有哪些？其中哪些与财富管理规划紧密相关？

2. 从财富管理的保险规划角度简析家庭存在哪些风险类别？分别可以采用哪些保险工具应对这些风险？

3. 简述退休规划、养老规划和养老金规划的区别与联系。

4. 从财富保全与传承角度分析家庭财产可能存在的风险，并简述为应对以上风险可采用的财富保全和传承的方法或工具。

5. 什么是房地产资产的双重属性？并简述房地产资产在家庭财富管理中的地位和作用。

二、计算题（每小题10分，共20分）

1. 赵先生从银行贷款10万元，贷款利率为基准利率，即6.06%。期限为5年。请问：①如果赵先生选择的还款方式是等额本息法，那么他每月偿还贷款的金额是多少？②如果赵先生选择等额本金还款法，那么第1个月、第15个月和贷款期满的那个月他应偿还银行的款额分别是多少？

2. 某客户从某互联网借贷平台借款1万元，平台信息显示：借款1万元，期限为12个月，但是实际只到账9 400元（需要减去服务费6%即600元），每月还款951元。请问，该互联网借贷平台客户该笔借款的年化利率到底多少？

三、案例分析题（40分）

1. 基本资料

郝先生是某公司部门经理，税后年收入60万元，年终奖30万元。郝太太在事业单位工作，收入稳定，税后年收入66 000元。二人目前均42岁，儿子现年10岁。

郝先生家庭拥有两套房产：一套自住，房产价值680万元，房贷本金余额95万元，每年房贷还款 8.6 万元；另一套旧房用于出租，市值 400 万元，每月租金收入（税后）6 000 元，此房郝先生准备养老使用，届时出售所得的房款足以支付所有养老支出。郝先生夫妇名下现有现金 20 万元，定期存款 80 万元，国债 30 万元，股票市值 38 万元，理财产品 30 万元，现值 30 万元及 100 万元的轿车各一辆。每年利息收入 2 万元，股票分红 2 万元。

郝先生家庭每月生活费 3 万元，养车费用 5 000 元。每年孩子教育费 9.8 万元。双方父母均有退休金，不需要赡养费用。由于对保险认识比较深刻，郝太太为全家购买了充足的保障，每年保费支出 8 万元。郝先生平时应酬较多，平均每年需要 5 万元，郝太太是户外运动的爱好者，经常和朋友进行自驾旅游，每年的外出和购买装备的费用为 3 万元左右，家庭旅游费用为 10 万元左右。

2. 理财目标

（1）子女教育规划：郝先生夫妇二人都曾在海外留学，因此也希望在孩子 18 岁时将他送往美国读大学和研究生，目前美国本科及研究生的平均费用在 150 万元左右。

（2）投资规划：郝先生自知大量资金以存款形式持有不妥，希望能够对其进行有效管理。郝先生曾到银行做过风险测评，其风险承受能力为中等，风险承受态度为中高，希望能在理财经理的帮助下调整投资资产结构。

（3）风险管理：每年支出的 8 万元保险保费，不知道是否合理，希望给出专业性的建议。

（4）养老规划：对于以房养老问题，郝先生心中存在疑虑，担心未来不能实现期望养老目标。企业年金可以每年领取 10 万元，社保替代率以 30%计算，打算 60 岁退休，退休后考虑再活 20 年。

（5）创业基金：郝先生还想在孩子 25 岁时能为其准备部分创业资金。

3. 案例问题：请根据上述材料，完成以下内容：

（1）结合案例说明财富管理的主要内容有哪些。（10 分）

（2）做出郝先生家的资产负债表与收入支出表，并完成财务指标计算与分析。（20 分）

（3）做出郝先生家庭现金规划的有效安排。（10 分）

《财富管理》模拟试卷参考答案

一、简答题（每小题 8 分，共 40 分）

1. 居民的储蓄动机有哪些？其中哪些与财富管理规划紧密相关？

答案要点：居民的储蓄动机有应对不确定性支出的预防性动机、应对可预期支出的生命周期动机、升值和利息的跨期替代动机、消费增加的提升动机、独立动机、创业动机、遗产馈赠动机、贪婪动机、购买耐用消费品的首付动机。与家庭财富管理相关的动机主要有生命周期动机、预防性动机、跨期替代动机、遗产馈赠动机和首付动机等。

2. 从财富管理的保险规划角度简析家庭存在哪些风险类别？分别可以采用哪些保险工具应对这些风险？

答案要点：家庭风险包括家庭成员的人身风险和家庭财产损失风险。人身风险又可以分为死亡风险、长寿风险、健康风险、意外风险。寿险主要应对死亡风险，年金险应对长寿风险，重疾险和医疗险应对健康风险，意外保险应对意外风险。

3. 简述退休规划、养老规划和养老金规划的区别与联系。

答案要点：广义的退休规划是指根据个人及其家庭实际情况，为退休生活展开的一系列安排，包括日常生活、休闲娱乐、老年教育、医疗保障等。狭义的退休规划仅仅指养老规划，是指基于对个人老年生活的安排所需要的养老金规划。

4. 从财富保全与传承角度分析家庭财产可能存在的风险，并简述为应对以上风险可采用的财富保全和传承的方法或工具。

答案要点：从财富保全与传承角度而言，家庭财富可能遭受的风险有缺乏规划导致的风险、家庭资产与企业资产不分导致的风险、家庭破裂导致的财产损失风险、继承人挥霍财产的风险、资产代持产生的风险、财产控制权丧失的风险等。为应对以上风险，可采用夫妻财产公证、个人或家庭信托、人寿保险等工具来进行风险隔离和实现家庭财富的有效传承。

5. 什么是房地产资产的双重属性？并简述房地产资产在家庭财富管理中的地位和

作用。

答案要点：房地产资产同时具有满足居住需求的消费品属性和追求收益目标的投资品属性。房地产资产可以为家庭带来居住的舒适性和生活的便利性；通过按揭贷款买房还可以起到强制储蓄的作用；在房地产市场向好的情况下，持有房产能带来投资收益；房地产资产由于其市场与宏观经济的正相关关系，使得其本身具有抗通胀的功能；另外，无贷款房地产还可以在未来遇到资金需求时进行抵押融资或者资产出售，从而起到房地产资产的缓冲存货作用。

二、计算题（每小题10分，共20分）

1. （1）5年等于60个月，基准年利率折合为月利率时为 $6.06\% \div 12 = 0.505\%$，因此，他每月还款的金额是

$$y = \frac{100\,000 \times 0.505\% \times (1+0.505\%)^{60}}{(1+0.505\%)^{60}-1} = 1\,936.07 \text{（元）}$$

（2）月利率 = $6.06\% \div 12 = 0.505\%$，首月的还本金额 = $100\,000 \div 60 = 1\,666.67$（元）。因此

①第1个月的还款额为

$$y = 100\,000/60 + 100\,000 \times 0.505\% = 1\,666.67 + 505 = 2\,171.67 \text{（元）}$$

②第15个月时，李先生的月还款额为

$$y = 100\,000/60 + 100\,000 \times (1-14/60) \times 0.505\% = 2\,053.83 \text{（元）}$$

③贷款期限满时，最后一个月的月还款额为

$$y = 100\,000/60 + 100\,000 \times (1-59/60) \times 0.505\% = 1\,675.08 \text{（元）}$$

2. 借款者经常会产生如下两个错觉：其一，每月还款951元，那么12个月一共还款11 412元，相比于1万元借款金额，计算得出14.12%的年借款结论，这一利率低于信用卡循环授信利率；其二，借贷平台实际放款只有9 400元，但是12个月一共还款11 412元，那么粗略计算得到年利息率为（11 412-9 400)/9400 = 20.12%。但实际上，通过内部收益率（IRR）计算可以发现，贷款人在初期获得了9 400元，随后每一期还款951元，持续12期，内部收益率为37.4%，这才是借款人实际承担的年利率。

三、案例分析题（40分）

答案要点：1. 财富管理是以个人或者家庭客户生命周期金融服务需求为核心，设计出一套全面的财富规划，对客户的资产、负债和流动性进行管理，帮助客户达到降低风险，实现保值、增值、传承等目的。它包含全面的、系统性的金融与相关非金融

服务。主要内容：①资产配置；②现金与债务管理；③不动产投资管理；④保险规划；⑤退休与养老金规划；⑥财富保全与传承；⑦法律与税务规划。（答案内容需要结合郝先生一家来进行论证，10 分）。

2. 家庭资产负债表

单位：万元

资产项目	金额	负债与资产净值	金额
一、非金融资产		一、消费性负债	
农业生产经营资产		信用卡负债	
工商业生产经营资产		教育负债	
房地产	1 080	其中：短期教育负债	
其中：自住房地产	680	汽车负债	
车辆	130	其中：短期汽车负债	
家庭其他耐用品		其他消费型负债	
艺术品等收藏品		其中：短期其他消费型负债	
其他实物资产		消费性负债合计	
非金融资产合计	1 210	其中短期消费型负债合计	
二、金融资产		二、投资性与经营性负债	
（一）无（低）风险金融资产		房地产负债	95
现金	20	经营性负债	
活期存款		其他投资性与经营性负债	
定期存款	80	投资性与经营性负债合计	
货币市场基金			
确定给付型养老金账户		负债合计	95
人身保险与年金现金价值			
国债或国库券	30		
无（低）风险金融资产合计	130		
（二）风险金融资产			
股票与股票类投资基金	38		
债券与债券类投资基金			
金融理财产品	30		
金融衍生品			
非人民币金融资产			
黄金			
浮动利率的保单现金价值			
借出款与其他风险金融资产			
风险金融资产合计	68	资产净值合计	1 313
资产总计	1 408	负债与资产净值合计	1 408

家庭收入支出表　　　　　　　　　　　　　　单位：万元

项目		项目	
劳动性收入	96.6	消费性支出	77.8
经营性收入		经营性支出	
财产性收入	11.2	财产性支出	8.6
转移性收入		转移性支出	
收入合计	107.8	支出合计	86.4
结余	21.4		

（1）负债比率＝负债/总资产＝95/1 408＝6.7%，反映家庭偿付债务本金和支付债务利息的能力。合理值为50%以下，该家庭为7%，处于合理范围之内，表明该家庭拥有良好的偿债能力保障。

（2）流动性比率＝流动性资产/每月支出＝100×12/86.7＝13.84。该比率反映家庭短期偿债能力的强弱，保持在3即可，如果家庭收入不稳定，则该比率应该在6～8。该家庭收入稳定且该比率为13.84，拥有良好的短期偿债能力。

（3）净值负债比＝个人负债金额/个人资产净值金额＝95/1 313＝7.2%。该指标一般用来衡量净值负债比的标准线为25%，该家庭为7.2%，处于合理范围之内（20分）。

3. 现金规划：现金持有水平最好能够应对6个月的家庭开支，由收入支出表可得，其一个月的支出平均为7.2万元，则现金持有水平应该为43.2万元（6×7.2），而当前的现金为20万元，低于这个目标现金持有水平。但其持有多项金融资产，足以应对家庭的流动性需求，本年度的现金结余仍可进一步进行货币市场基金等短期金融资产的投资，既能保障流动性，又能获得一定收益（10分）。

参考文献

中文部分

[1] 纳拉亚南,贝努,费尔顿,米勒,戈德费德. 区块链:技术驱动金融[M]. 林华,王勇,译. 北京:中信出版社,2016.

[2] 基翁. 个人理财(原书第6版)[M]. 郭宁,汪涛,译. 北京:中国人民大学出版社,2016.

[3] 迪顿. 理解消费[M]. 胡景北,鲁昌,译. 上海:上海财经大学出版社,2016.

[4] 北京当代金融培训有限公司. 个人税务与遗产筹划[M]. 北京:中信出版社,2014.

[5] 北京当代金融培训有限公司. 员工福利与退休规划[M]. 北京:中国人民大学出版社,2019.

[6] 马尔基尔. 漫步华尔街(原书第11版)[M]. 张伟,译. 北京:机械工业出版社,2018.

[7] 蔡昌. 税收筹划论:前沿理论与实证研究[M]. 北京:清华大学出版社,2015.

[8] 曹全旺. 房地产金融风险管理研究[M]. 北京:中国金融出版社,2017.

[9] 柴效武. 个人理财规划[M]. 3版. 北京:北京交通大学出版社,2017.

[10] 陈斌开,徐帆,谭力. 人口结构转变与中国住房需求:1999~2025:基于人口普查数据的微观[J]. 金融研究,2012(1):129-140.

[11] 陈文辉. 《健康保险管理办法》指引[M]. 北京:中国劳动社会保障出版社,2016.

[12] 崔志坤. 个人所得税制度改革[M]. 北京:经济科学出版社,2015.

[13] 莫德. 私人银行与财富管理:领先的创新逻辑与实务方法[M]. 刘立达,严晗,付饶,译. 北京:企业管理出版社,2015.

[14] 翟继光. 新个人所得税政策解析与纳税筹划技巧[M]. 上海:立信会计出版社,2019.

[15] 董藩,丁宏,陶斐斐. 房地产经济学[M]. 2版. 北京:清华大学出版社,2017.

[16] 法博齐,尼夫,周国富. 金融经济学[M]. 孔爱国,等译. 北京:机械工业出版社,2015.

[17] 法博齐,巴塔恰亚,伯利纳. 抵押支持证券:房地产的货币化(原书第2版)[M]. 宋光辉,等译. 北京:机械工业出版社,2015.

[18] 甘犁,赵乃宝,孙永智. 收入不平等、流动性约束与中国家庭储蓄率[J]. 经济研究,2018(12):34-50.

[19] 高波. 现代房地产金融学[M]. 南京:南京大学出版社,2015.

[20] 高顿财经研究院. CFA一级中文教材[M]. 上海:立信会计出版社,2019.

[21] 勒庞. 乌合之众:大众心理研究[M]. 吕莉,译. 北京:电子工业出版社,2015.

［22］埃文斯基，霍伦，罗宾逊．新财富管理［M］．翟立宏，等译．北京：机械工业出版社，2015．

［23］维克托，罗森布鲁姆．私人财富管理（原书第8版）［M］．苏薪茗，译．北京：中国金融出版社，2014．

［24］贝克尔．家庭论［M］．王献生，王宇，译．北京：商务印书馆，1998．

［25］贝克尔．人类行为的经济分析［M］．王业宇，陈琪，译．上海：格致出版社，2015．

［26］马杜拉．个人理财（原书第6版）［M］．夏霁，译．北京：机械工业出版社，2018．

［27］卡普尔，德拉贝，休斯．个人理财：理财技能培养方法［M］．刘春生，姜淼，柳懿恒，译．北京：中国人民大学出版社，2013．

［28］金李，袁慰．中国式财富管理：不可不知的未来财富管理知识［M］．北京：中信出版社，2019．

［29］布洛克．REITs：房地产投资信托基金（原书第4版）［M］．宋光辉，等译．北京：机械工业出版社，2014．

［30］雷震，张安全．预防性储蓄的重要性研究：基于中国的经验分析［J］．世界经济，2013（6）：126-144．

［31］李劲松，刘勇．智能投顾：开启财富管理新时代［M］．北京：机械工业出版社，2018．

［32］李升．财富传承工具与实务：保险、家族信托、保险金信托［M］．北京：中国法制出版社，2018．

［33］李燕．个人理财［M］．北京：机械工业出版社，2019．

［34］李仲飞，张浩．房价预期、土地价格与房地产商行为［J］．管理评论，2016（4）：53-62．

［35］梁云凤，逢振悦，梁云波．纳税筹划［M］．北京：中国市场出版社，2006．

［36］格拉顿，斯科特．百岁人生：长寿时代的生活和工作［M］．吴奕俊，译．北京：中信出版社，2018．

［37］阿利伯．金钱与人生：一生的财富管理［M］．郭晶晶，译．北京：经济科学出版社，2012．

［38］茨威彻．养老金投资组合［M］．兴全基金管理有限公司，译．北京：中信出版集团，2019．

［39］庞皮恩．家族办公室与超高净值客户资产配置指南［M］．卢强，黄振，译．北京：电子工业出版社，2019．

［40］钱俊文．偷税、逃税的概念辨析及相关制度完善［J］．税务研究，2016（9）．

［41］瑞达．风险管理与保险原理［M］．申曙光，译．北京：中国人民大学出版社，2006．

［42］迪翁．保险经济学前沿问题研究［M］．朱铭来，田玲，魏华林，等译．北京：中国金融出版社，2007．

［43］秦云，郑伟．年金谜题的成因及对策研究评述［J］．经济学动态，2017（5）：133-141．

［44］饶育蕾，彭叠峰，盛虎．行为金融学［M］．北京：机械工业出版社，2019．

[45] 申曙光. 现代保险学教程 [M]. 2版. 北京：高等教育出版社，2008.

[46] 霍兰. 私人财富管理 [M]. 翟立宏，等译. 北京：机械工业出版社，2015.

[47] 奇斯蒂，普仕曼. 财富科技：财富管理数字化转型权威指南 [M]. 卢斌，张小敏，译. 北京：中国人民大学出版社，2020.

[48] 孙祁祥. 保险学 [M]. 6版. 北京：北京大学出版社，2017.

[49] 泰勒. 行为金融学新进展（第二卷）[C]. 贺京同，等译. 北京：中国人民大学出版社，2014.

[50] 克劳瑞特，西蒙斯. 房地产金融：原理与实践（原书第5版）[M]. 王晓霞，等译. 北京：中国人民大学出版社，2012.

[51] 涂蕙，田叮叮. 人一生需要七张保单 [N]. 中国报道，2012-11.

[52] 王继军，侯弼元，王远锦. 家庭财富管理与传承 [M]. 北京：中国纺织出版社有限公司，2019.

[53] 王连洲，王巍. 金融信托与资产管理 [M]. 北京：经济管理出版社，2013.

[54] 王增武. 家族财富管理策略、产品与案例 [M]. 北京：社会科学文献出版社，2017.

[55] 小阿瑟，史密斯，杨. 风险管理与保险 [M]. 马从辉，刘国翰，译. 北京：经济科学出版社，2000.

[56] 吴正新，罗凯. 中国高端财富管理大类资产配置研究 [M]. 北京：经济管理出版社，2017.

[57] 徐高. 金融经济学二十五讲 [M]. 北京：中国人民大学出版社，2018.

[58] 杨林枫，张学银，易晓斌，段文鹏. 信托产品概述 [M]. 北京：中国财政经济出版社，2008.

[59] 易行健，周聪，来特，周利. 商业医疗保险与家庭风险金融资产投资：来自CHFS数据的证据 [J]. 经济科学，2019（41）：104-116.

[60] 易行健，展凯，张浩，杨碧云. 财富管理：理论与实践 [M]. 北京：机械工业出版社，2021.

[61] 易行健. 经济转型与开放条件下的货币需求函数：基于中国的实证研究 [M]. 北京：中国金融出版社，2007.

[62] 易行健，等. 中国居民消费储蓄行为研究：宏观证据与国际比较 [M]. 北京：人民出版社，2018.

[63] 易行健，等. 中国居民消费储蓄行为研究：基于异质性视角的微观证据 [M]. 北京：人民出版社，2019.

[64] 银行业专业人员职业资格考试办公室. 个人理财（中级）[M]. 北京：中国金融出版社，2015.

[65] 坎贝尔，万斯勒. 战略资产配置：长期投资者的资产组合选择 [M]. 陈学彬，译. 上海：上海财经大学出版社，2004.

[66] 麦克马汉. 商业房地产投资手册 [M]. 王刚，等译. 北京：中信出版社，2014.

[67] 张浩，李仲飞，邓柏峻. 教育资源配置机制与房价：我国教育资本化现象的实证分析 [J]. 金融研究，2014（5）：193-206.

[68] 张浩，李仲飞. 成本推动、需求拉动：什么推动了中国房价上涨 [J]. 中国管理科学，2015（5）：143-150.

[69] 郑惠文. 理财规划与方案设计 [M]. 北京：机械工业出版社，2010.

[70] 中国金融教育发展基金会金融理财标准委员会. 金融理财原理 [M]. 北京：中国人民大学出版社，2019.

[71] 中国人身保险从业人员资格考试教材编写委员会. 人身保险产品 [M]. 广州信平市场策划顾问有限公司，2013.

[72] 中国银行业协会. 私人银行理论与实务 [M]. 北京：中国金融出版社，2017.

[73] 中国银行业协会私人银行业务专业委员会. 商业银行财富管理经典案例100篇 [M]. 北京：中国金融出版社，2016.

[74] 中国银行业协会私人银行业务专业委员会. 东方银行业高级管理人员研修院：私人银行理论与实务 [M]. 北京：中国金融出版社，2017.

[75] 中国证券投资基金业协会. 个人养老金：理论基础、国际经验与中国探索 [M]. 北京：中国金融出版社，2018.

[76] 中国注册理财规划师协会，郑惠文. 理财规划与方案设计 [M]. 北京：机械工业出版社，2010.

[77] 钟明. 保险学 [M]. 3版. 上海：上海财经大学出版社，2015.

[78] 邹红，喻开志. 退休与城镇家庭消费：基于断点回归设计的经验证据 [J]. 经济研究，2015（1）：124-139.

英文部分

[1] Badarinza, C., J Y Campbell, & T Ramadorai. International comparative household finance [J]. *Annual Review of Economics*，2016，8（1）：111-144.

[2] Barro, R. J. & G S Becker. Fertility choice in a model of economic growth [J]. *Econometrica，Econometric Society*，1989，57（2）：481-501.

[3] Bodie, Z., A Kane, A J Marcus, & P Mohanty. *Investments* [M]. New York：McGraw-Hill Education，2017.

[4] Bodie, Z., R C Merton, & W F Samuelson. Labor supply flexibility and portfolio choice in a life-cycle model [J]. *Journal of Economic Dynamics and Control*，1992，16（3-4）：427-449.

[5] Browning, M., & A Lusardi. Household saving: micro theories and micro facts [J]. *Journal of Economic Literature*, 1996, 34 (4): 1797-1855.

[6] Browning, M., P A Chiappori, & Y Weiss. *Economics of the Family* [M]. Cambridge: Cambridge University Press, 2014.

[7] Caballero, R. J. Consumption puzzles and precautionary savings [J]. *Journal of Monetary Economics*, 1990, 25 (1): 113-136.

[8] Campbell, J. & A Deaton. Why is consumption so smooth? [J]. *Review of Economic Studies*, 1989, 56: 357-374.

[9] Chishti, S. & J Barberis. *The FinTech book: The Financial Technology Handbook for Investors* [M]. New York: Wiley. 2016.

[10] Chishti, S. & J Barberis. *The WealthTech Book: The FinTech Handbook for Investors* [M]. Newark: John Wiley & Sons, Incorporated, 2018.

[11] Cocco, J. F., F J Gomes, & P J Maenhout. Consumption and portfolio choice over the life cycle [J]. *The Review of Financial Studies*, 2005, 18 (2): 491-533.

[12] Deaton, A. S. Saving and liquidity constraints [J]. *Ecomometrica*, 1991, 59 (5): 221-248.

[13] Fama, E. F. & K R French. Common risk factors in the returns on stocks and bonds [J]. *Journal of Financial Economics*, 1993, 33 (1): 3-56.

[14] Fama, E. F. & K R French. The capital asset pricing model: Theory and evidence [J]. *Journal of Economic Perspectives*, 2004, 18 (3): 25-46.

[15] Fama, E. F. The behavior of stock-market prices [J]. *The Journal of Business*, 1965, 38 (1): 34-105.

[16] Gormley, T., H Liu, & G F Zhou. Limited participation and consumption-saving puzzles: A simple explanation and the role of insurance [J]. *Journal of Financial Economics*, 2010, 96 (2): 331-344.

[17] Hall, R. E. Stochastic implications of the life cycle hypotheses: Theory and evidence [J]. *Journal of Political Economy*, 1978, 86 (6): 971-987.

[18] Heaton, J. & D Lucas. Portfolio choice in the presence of background risk [J]. *Economic Journal*, 2000, 110 (460): 1-26.

[19] Hubbard, R. G. & K L Judd. Social security and individual welfare: Precautionary saving, borrowing constraints, and the payroll tax [J]. *The American Economic Review*, 1987: 630-646.

[20] Keynes, J. M. *The General Theory of Employment, Interest and Money* [M]. New York: Harcourt, Brace, 1936.

[21] Lintner, J. The valuation of risk assets and the selection of risky investments in stock portfolios and

capital budgets [J]. *Review of Economics and Statistics*, 1965, 47 (1): 13-37.

[22] Merton, R. C. Optimum consumption and portfolio rules in a continuous-time model [J]. *Journal of Economic Theory*, 1971, 3 (4): 373-413.

[23] Modigliani, F. & R Brumberg. Utility analysis and the consumption function: An interpretation of cross-section data [J]. *Franco Modigliani*, 1954, 1 (1): 388-436.

[24] Ross, S. A. The arbitrage theory of capital asset pricing [J]. *Journal of Economic Theory*, 1976, 13 (3): 341-360.